مركز القانون العربي والإسلامي
Centre de droit arabe et musulman
Zentrum für arabisches und islamisches Recht
Centro di diritto arabo e musulmano
Centre of Arab and Islamic Law

AVENIR
DES MUSULMANS EN OCCIDENT
Cas de la Suisse

Sami A. Aldeeb Abu-Sahlieh

Ce livre peut être acquis auprès de
www.amazon.com
2ᵉ édition, 2012

Le Centre de droit arabe et musulman

Fondé en mai 2009, le Centre de droit arabe et musulman offre des consultations juridiques, des conférences, des traductions, des recherches et des cours concernant le droit arabe et musulman, et les relations entre les musulmans et l'Occident. D'autre part, il permet de télécharger gratuitement du site www.sami-aldeeb.com un bon nombre d'écrits.

L'auteur

Sami A. Aldeeb Abu-Sahlieh: Chrétien d'origine palestinienne. Citoyen suisse. Docteur en droit. Habilité à diriger des recherches (HDR). Professeur des universités (CNU-France). Responsable du droit arabe et musulman à l'Institut suisse de droit comparé (1980-2009). Professeur invité dans différentes universités en France, en Italie et en Suisse. Directeur du Centre de droit arabe et musulman. Auteur de nombreux ouvrages dont une traduction française, italienne et anglaise du Coran.

Éditions

Centre de droit arabe et musulman
Ochettaz 17
Ch-1025 St-Sulpice
Tél. fixe: 0041 [0]21 6916585
Tél. portable: 0041 [0]78 9246196
Site: www.sami-aldeeb.com
Email: sami.aldeeb@yahoo.fr

"Le laïc [musulman] qui refuse le principe de l'application du droit musulman n'a de l'islam que le nom. Il est un apostat sans aucun doute. Il doit être invité à se repentir, en lui exposant, preuves à l'appui, les points dont il doute. S'il ne se repent pas, il est jugé comme apostat, privé de son appartenance à l'islam [...], il est séparé de sa femme et de ses enfants, et on lui applique les normes relatives aux apostats récalcitrants, dans cette vie et après sa mort".

Al-Qaradawi, Président du Conseil Européen de la Fatwa et de la Recherche[1]

"L'hostilité à l'égard des musulmans provient toujours de l'idée qu'une fois qu'ils seront suffisamment nombreux, ils ne vont plus obéir au droit commun et l'on va se retrouver avec deux communautés, vivant l'une à côté de l'autre, avec leurs propres droits, avec leurs propres tribunaux. Et la situation va devenir inextricable d'abord et puis conflictuelle comme en Israël ou au Liban".

Neirynck, Professeur et Conseiller national[2]

---

[1] Yusuf Al-Qaradawi: Al-islam wal-'ilmaniyyah wajhan li-wajh, Mu'assasat al-risalah, Beyrouth, 3e éd., 1992, p. 73-74. Ouvrage sur le site d'Al-Qaradawi http://www.qaradawi.net/site/topics/article.asp?cu_no=2&item_no=772&version=1&template_id=90 &parent_id=1.

[2] Jacques Neirynck et Tariq Ramadan: Peut-on vivre avec l'islam? Le choc de la religion musulmane et des sociétés laïques et chrétiennes, Favre, Lausanne, 1999, p. 208.

Sommaire

Observations générales

Translittération

L'alphabet arabe se prête à différentes formes de translittération. J'évite la forme savante trop compliquée pour un lecteur non spécialisé. Je donne ici les équivalences de quelques lettres arabes:

'	ع + ء	gh	غ
kh	خ	u + w	و
d	د + ض	i + y	ي
dh	ذ + ظ	t	ت + ط
sh	ش	h	هـ + ح
s	س + ص	j	ج

Citations du Coran

Les citations du Coran dans le texte sont prises de ma propre traduction parue aux Éditions de l'Aire, Vevey, 2008[1]. Les chiffres entre parenthèses dans le texte et dans les notes sans autre mention renvoient à la numérotation du Coran selon l'édition du Caire de 1923, suivie par notre traduction.

---

[1]   Sami A. Aldeeb Abu-Sahlieh: Le Coran, texte arabe et traduction française par ordre chronologique selon l'Azhar, avec renvoi aux variantes, aux abrogations et aux écrits juifs et chrétiens, Éditions de l'Aire, Vevey, 2008.

Introduction

Après une longue présence et domination musulmane en Andalousie (de 711 à 1492) et en Sicile (de 827 à 1071), les musulmans ont dû quitter ces deux régions. Malgré les tensions entre les pays occidentaux et leurs minorités musulmanes, il est difficile d'imaginer que la Suisse et les autres pays occidentaux puissent les rapatrier de force ou par des incitations économiques. Mais tout semble indiquer que les relations entre ces communautés et les pays occidentaux s'acheminent vers une confrontation de plus en plus hostile.

En regardant de l'autre côté de la Méditerranée, on retrouve les mêmes tensions entre les mouvements islamistes et les régimes musulmans, tensions qui débouchent sur des conflits armés et des actes de violence. Ces conflits et ces actes de violence, dans lesquels sont parfois impliqués des musulmans vivant en Occident, s'étendent progressivement aux pays occidentaux.

Il y a certes des raisons politiques, économiques et sociales derrière ces tensions. Mais on remarque une revendication constante de la part des musulmans impliqués dans ces tensions: le droit d'appliquer leur loi religieuse tant dans les pays musulmans qu'occidentaux, et leur refus de se soumettre aux lois en vigueur dans ces pays. Pensez aux questions du voile, des cimetières, des minarets, de l'abattage rituel, de la mixité entre hommes et femmes, des cours de natation. Et comme le droit musulman couvre tous les aspects de la vie, cette liste est loin d'être close. D'autres questions s'y ajoutent constamment, allant jusqu'à demander l'indépendance politique comme au Kosovo, ce qui peut se répéter dans d'autres pays occidentaux où vivent des minorités musulmanes importantes. En effet, un des principes du droit musulman est que le musulman, autant que possible, doit être gouverné par un musulman, régi par la loi musulmane et jugé par un tribunal musulman. D'où la demande de créer des tribunaux musulmans, demande soutenue en Grande-Bretagne par l'archevêque de Canterbury Rowan Williams, et en Suisse par le Professeur Christian Giordano et par un membre de la *Commission fédérale contre le racisme*!

On peut en conclure qu'une des raisons des tensions dans les pays musulmans et occidentaux est la conception musulmane de la loi. Et si on veut désamorcer ces tensions, il est nécessaire de comprendre cette conception. Quelle est donc cette conception? Quel est son impact sur un pays comme la Suisse? Quelles réponses donner aux revendications des musulmans? Ce sont les trois questions auxquelles ce livre veut répondre. De la réponse à ces questions dépend l'avenir des rapports entre les musulmans et les pays occidentaux, ainsi que des rapports entre les régimes musulmans et leurs populations musulmanes.

Première partie: conception musulmane de la loi. Elle signale l'importance des musulmans et de la religion chez eux, compare la conception juive, chrétienne et musulmane de la loi, expose l'application du droit musulman dans et en dehors des pays musulmans, et présente le scénario proposé par le Parti de libération islamique (*Hizb ut-tahir*).

Deuxième partie: impact de la conception musulmane sur la Suisse. Elle rappelle les conflits entre catholiques et protestants jusqu'à l'arrivée des musulmans, expose les revendications de ces derniers pour la reconnaissance de l'Islam et l'application du droit musulman, et dresse un tableau des frictions qui existent entre le droit suisse et le droit musulman allant du droit de la famille jusqu'aux cimetières.

Troisième partie: réponses aux revendications des musulmans. Elle passe en revue les réponses des libéraux musulmans et les réponses attendues des Occidentaux.

L'ouvrage se termine par un modèle de contrat de mariage mixte entre musulmans et non-musulmans afin de prévenir les conflits, et un projet visionnaire de loi fédérale du 24 mai 1880 concernant les cimetières pour mettre de l'ordre dans ce domaine très sensible.

Nous espérons que cet ouvrage permettra une meilleure entente entre les différentes communautés sur la base de la connaissance mutuelle et la franchise.

Partie 1.
Conception musulmane de la loi

Un chauffeur français qui va en Grande-Bretagne conduit à gauche, et un chauffeur britannique qui va en France conduit à droite, sans poser de problèmes. Une famille malienne qui va en France circoncit ses filles bien qu'interdit, et une famille musulmane qui va en France revendique le voile à l'école pour ses filles bien qu'interdit. Cette différence de comportement entre les deux chauffeurs et les deux familles découle de la conception qu'ont les uns et les autres de la loi. C'est ce que nous verrons dans cette partie.

Chapitre 1.
Données dont il faut tenir compte

Il ne suffit d'avoir une position, il faut aussi avoir les moyens pour la réaliser. Il faut donc commencer par les données dont il faut tenir compte dans les rapports avec les musulmans, à savoir leur importance statistique et géopolitique et l'importance de la religion.

1. Importance statistique et géopolitique

Les chiffres sont importants en droit. Un parti politique qui compte dix membres a forcément moins de poids qu'un parti qui en compte dix millions. Si dix individus violent la loi, on considère que c'est dans l'ordre des choses; mais lorsque dix millions d'individus refusent de suivre une loi, cela met en question le système juridique de la société.

Nous donnons ici des estimations concernant le nombre des musulmans dans le monde:

Asie	780'000'000
Afrique	380'000'000
Europe	32'000'000
Amérique nord	6'000'000
Amérique latine	13'000'000
Océanie	3'000'000
Total	1'200'000'000 = 20% de la population

Les musulmans sont regroupés principalement dans cinquante-sept États qui font partie de l'Organisation de la conférence islamique, créée en 1969. Ce nombre est décisif dans les votes au sein des Nations Unies constituées de 192 États. Certains de ces pays ont une grande importance sur le plan des ressources énergétiques.

Pas tous les pays occidentaux ont des statistiques fiables concernant le nombre des musulmans du fait qu'il est interdit dans certains pays de faire un recensement sur la base de la religion. Ce qui laisse libre cours aux spéculations. Ainsi, en France, on estime leur nombre entre deux et huit millions[1]. Une étude menée par l'Office fédéral pour la migration et les réfugiés en Allemagne est parvenue à la conclusion que jusqu'à 4,3 millions de personnes étaient de religion musulmane dans le pays. Ce chiffre dépasse de près d'un million d'individus les 3,4 millions de musulmans qu'on estimait vivre en Allemagne jusqu'alors[2]. Nous reviendrons dans la deuxième partie sur les statistiques concernant les musulmans en Suisse qui ont doublé, voire triplé chaque décennie.

Quoi qu'il en soit, on s'accorde pour reconnaître une nette croissance de la communauté musulmane dans les pays occidentaux. Et cette croissance aura nécessairement des conséquences juridiques. Grâce à leur majorité au Kosovo et par le jeu des règles démocratiques, les musulmans de ce pays ont pu obtenir leur indépendance de la Serbie. Et ceci peut se répéter dans d'autres pays européens, menaçant ainsi leur intégrité territoriale. Pour cette raison il faut veiller à l'intégration des musulmans non pas en tant que communauté religieuse ayant ses propres lois, mais en tant que citoyens acceptant les lois des pays où ils vivent, comme ce fut le cas pour les juifs en France sous Napoléon[3].

2. Importance de la religion

Il y a plusieurs critères pour juger de l'importance de la religion dans une société. Nous nous limitons au critère le plus important, à savoir la présence de la religion dans les constitutions des pays musulmans.

Parmi les 57 États de l'Organisation de la conférence islamique, 22 États forment la Ligue des États arabes. Il s'agit des pays suivants: Liban, Algérie, Arabie saoudite, Bahreïn, Djibouti, Égypte, Émirats arabes unis, Iraq, Jordan, Kuwait, Libye, Maroc, Mauritanie, Oman, Palestine, Qatar, Somalie, Soudan, Syrie, Tunisie, Union des Comores, Yémen. À l'exception du Liban, les constitutions de ces pays mentionnent l'islam comme religion d'État et/ou le droit musulman comme une des sources principales, voire la source principale du droit. Nous donnons ici quelques exemples:

- Algérie: Article 2 - L'islam est la religion de l'État.
- Arabie saoudite: Article 1 – Le Royaume d'Arabie Saoudite est un État arabe islamique jouissant d'une souveraineté entière. Sa religion est l'islam. Sa constitution est le Livre de Dieu et la Sunna de son Prophète.
- Bahreïn: Article 2 – La religion de l'État est l'islam et le droit musulman est une source principale de la législation.
- Djibouti: Le préambule de la constitution dispose: "L'islam est la religion de l'État."

---

[1] Voir http://www.lexpress.fr/actualite/societe/religion/les-vrais-chiffres_494290.html
[2] Voir http://www.bonnenouvelle.ch/200907011036/breves/allemagne-le-pays-compte-un-million-de-musulmans-de-plus-qu-on-ne-le-pensait.html
[3] Voir partie 3, chapitre 2, point 5.

- Égypte: Article 2 - L'islam est la religion de l'État ...; les principes de la loi islamique constituent la source principale de législation.
- Émirats arabes unis: Article 7 – L'islam est la religion officielle de la Fédération; le droit musulman y est une source principale de la législation.
- Irak: Article 2 – al. 1) L'islam est la religion officielle de l'État et une source principale de la loi.
- Jordanie: Article 2 – L'islam est la religion de l'État.

    Article 28 - (e) Le roi doit être musulman, sain d'esprit, né d'une épouse légitime et de parents musulmans.
- Koweït: Article 2 – La religion de l'État est l'islam. Le droit musulman est une source principale de la législation.

Les autres 35 pays de l'Organisation de la conférence islamique sont non arabes. Il s'agit des pays suivants: Albanie*, Azerbaïdjan*, Benin*, Burkina Faso*, Cameroun*, Côte d'Ivoire*, Gabon*, Gambie*, Guinée*, Guinée Bissau*, Guyana*, Nigeria*, Mali*, Mozambique*, Niger*, Tchad*, Togo*, Turkménistan*, Uganda*, Ouzbékistan*, Tadjikistan*, Turquie*, Kazakhstan*, Kirghizstan*, Afghanistan, Bangladesh, Brunei, Indonésie, Iran, Malaysia, Maldives, Pakistan, Sénégal, Sierra Leone, Suriname. Les constitutions de 24 de ces pays (avec *) indiquent la laïcité de l'État sous une forme ou une autre. Aucun pays arabe ne mentionne la laïcité dans sa constitution. Signalons ici que la laïcité est condamnée par les milieux musulmans comme étant une forme d'apostasie punie de la peine capitale[1].

On constate de ces données sommaires que les pays arabes, bien que numériquement et démographiquement minoritaires parmi les pays musulmans, constituent le centre de l'islam et son fer de lance. Plusieurs raisons peuvent être avancées: historiques (Mahomet est arabe et les deux principales villes saintes, La Mecque et Médine, se trouvent en Arabie), linguistiques (l'arabe est la langue du Coran, de la Sunnah, des principaux ouvrages de droit musulman et de la prière), institutionnelles (les institutions religieuses les plus importantes se trouvent dans les pays arabes: Al-Azhar, la Mecque, Fès, Zeytouna, etc.) et idéologiques (les Frères musulmans et autres mouvements islamistes en sont issus).

---

[1] Voir partie 3, chapitre 1, point 7.

Chapitre 2.
Différentes conceptions de la loi

Aucune société ne peut survivre sans loi. *Ubi societas, ibi ius* (où il y a société, il y a droit), disent les Romains. Mais la conception de la loi peut différer d'une société à l'autre. On peut distinguer à cet égard entre trois conceptions de la loi:

- la loi en tant qu'émanation d'un dictateur
- la loi en tant qu'émanation du peuple (démocratie: pouvoir du peuple), et
- la loi en tant qu'émanation de la divinité. Cette dernière conception prévaut chez les juifs et les musulmans, mais presque pas chez les chrétiens. De ce fait, il est faux de parler de culture judéo-chrétienne, mais plutôt de culture judéo-musulmane. Voyons la conception de la loi chez ces trois communautés.

1. Conception juive de la loi

On lit dans l'Ancien Testament:

> Tout ce que je vous ordonne, vous le garderez et le pratiquerez, sans y ajouter ni en retrancher (Deutéronome 13:1).

> C'est une loi perpétuelle pour vos descendants, où que vous habitiez (Lévitique 23:14).

Invoquant ces versets, Maïmonide, le plus grand théologien et philosophe juif, mort au Caire en 1204, écrit: "C'est une notion clairement explicitée dans la loi que cette dernière reste d'obligation éternelle et dans les siècles des siècles, sans être sujette à subir aucune variation, retranchement, ni complément". Celui qui prétendrait le contraire devrait être, selon Maïmonide, "mis à mort par strangulation"[1].

2. Conception chrétienne de la loi

Bien que provenant de la tradition juive, Jésus était peu enclin à appliquer les normes juridiques prévues dans l'Ancien Testament.

Lorsque les scribes et les pharisiens lui amenèrent une femme surprise en flagrant délit d'adultère et lui demandèrent ce qu'il pensait de l'application de la peine de lapidation prévue par la loi de Moïse (Lévitique 20:10; Deutéronome 22:22-24), il leur répondit: "Que celui d'entre vous qui est sans péché lui jette le premier une pierre". Et comme tous partirent sans oser jeter une pierre, il dit à la femme: "Moi non plus, je ne te condamne pas. Va, désormais ne pèche plus" (Jean 8:4-11).

Dans un autre épisode, quelqu'un dit à Jésus: "Maître, dis à mon frère de partager avec moi notre héritage". Jésus lui répondit: "Homme, qui m'a établi pour être votre juge ou régler vos partages?" Et il ajouta pour la foule qui l'entendait: "Attention! Gardez-vous de toute cupidité, car au sein même de l'abondance, la vie d'un homme n'est pas assurée par ses biens" (Luc 12:13-15).

---

[1] Moïse Maïmonide: Le livre de la connaissance, trad. V. Nikiprowetzky et A. Zaoui, Quadrige et PUF, Paris, 1961, p. 97-98.

Évoquant la loi du talion, Jésus dit: "Vous avez entendu qu'il a été dit: Œil pour œil et dent pour dent. Eh bien! moi je vous dis de ne pas tenir tête au méchant: au contraire, quelqu'un te donne-t-il un soufflet sur la joue droite, tends-lui encore l'autre" (Matthieu 5:38-39).

À défaut de textes légaux en nombre suffisant[1] dans le Nouveau Testament, les chrétiens se sont rabattus sur le droit romain. Le jurisconsulte Gaius (mort vers l'an 180) définit la loi comme étant "ce que le peuple prescrit et établit" (*Lex est quod populus iubet atque constituit*)[2]. Le système démocratique moderne est basé sur cette conception de la loi faite par le peuple.

3. Conception musulmane de la loi

Étymologiquement, le terme *islam* signifie la soumission. Cette religion proclame la soumission à la volonté de Dieu telle qu'exprimée dans le Coran et les récits de Mahomet (Sunnah), les deux sources principales du droit. Le Coran dit:

> La parole des croyants lorsqu'on les appelle vers Dieu et son envoyé, pour que celui-ci juge parmi eux, [consiste] à dire: "Nous avons écouté et avons obéi". Ceux-là sont ceux qui réussiront (24:51).

La différence entre l'attitude de Jésus et celle de Mahomet à l'égard de la loi est illustrée à travers un cas d'adultère similaire à celui évoqué plus haut. On amena à Mahomet un homme et une femme juifs qui avaient commis l'adultère. Il s'informa de la peine prévue dans l'Ancien Testament. Les juifs lui répondirent que l'Ancien Testament prévoie la lapidation (Lévitique 20:10; Deutéronome 22:22-24) mais que leur communauté avait changé cette norme parce qu'on ne l'appliquait qu'aux pauvres. En lieu et place de cette peine, cette communauté avait décidé de noircir le visage des coupables au charbon, de les mener en procession et de les flageller, indépendamment de leur statut social. Mahomet refusa cette modification estimant qu'il était de son devoir de rétablir la norme de Dieu. Il récita alors le verset: "Ceux qui ne jugent pas d'après ce que Dieu a fait descendre, ceux-là sont les pervers" (5:47)[3].

Cette manière de concevoir la loi comme émanation divine a conduit les philosophes musulmans à se demander s'il était possible que les êtres humains puissent faire la loi. Ibn-Khaldoun (d. 1406), philosophe musulman à tendance matérialiste, est le premier philosophe musulman à admettre la possibilité d'avoir des lois faites par les sages, donc non révélées à travers des prophètes. Il tire sa conclusion de l'observation. Il constate que les sociétés qui ne connaissent pas de lois religieuses sont, dans son époque, beaucoup plus nombreuses que celles qui en connaissent. Et pourtant ces sociétés ont été prospères et n'étaient nullement anarchiques. Il en

---

[1]   Il existe peu de textes à caractère juridique dans le Nouveau Testament. On en citera notamment la norme sur les intérêts qui a posé beaucoup de problèmes en Occident (Luc 6:34-35).

[2]   Gaius: Institutes, texte établi et traduit par Julien Reinach, 2ᵉ tirage, Les Belles Lettres, Paris, 1965, par. I.3.

[3]   Voir Muslim, récit 3212; Al-Tirmidhi, récit 3157; Abu-Da'ud, récits 3857 et 3858; Ibn-Majah, récit 2548; Ahmad, récits 2250, 4437 et 17794.

conclut que le pourvoir théocratique n'est pas indispensable pour le maintien des hommes en société[1]. Il fait toutefois une exception pour les Arabes, car, dit-il,

> en raison de leur sauvagerie innée, ils sont, de tous les peuples, trop réfractaires pour accepter l'autorité d'autrui, par rudesse, orgueil, ambition et jalousie. Leurs aspirations tendent rarement vers un seul but. Il leur faut l'influence de la loi religieuse, par la prophétie ou la sainteté, pour qu'ils se modèrent d'eux-mêmes et qu'ils perdent leur caractère hautain et jaloux. Il leur est alors facile de se soumettre et de s'unir, grâce à leur communauté religieuse. Ainsi, rudesse et orgueil s'effacent, et l'envie et la jalousie sont freinées[2].

Le Coran appuie l'idée d'Ibn-Khaldoun:

> Si tu avais dépensé tout ce qui est sur terre, tu n'aurais pu rallier leurs cœurs; mais Dieu les a ralliés. Il est fier et sage! (8:63).

> Rappelez-vous la grâce de Dieu envers vous. Lorsque vous étiez ennemis, il a rallié vos cœurs. Puis, par sa grâce, vous êtes devenus frères. Vous étiez au bord d'une fosse de feu, et il vous en a sauvés. Ainsi Dieu vous manifeste-t-il ses signes. Peut-être vous dirigerez-vous! (3:103).

On retrouve ici une confirmation de ce que nous avons dit à propos de l'importance de la religion dans les constitutions des pays arabes.

Cette conception de la loi comme émanation divine continue à être véhiculée encore aujourd'hui. Une encyclopédie publiée par le *Ministère égyptien de waqf* en 2003 écrit:

> Les gens qui raisonnent bien sont unanimes sur le fait que la raison et la science humaine ne peuvent en aucune manière remplacer la guidance des Messagers par le biais de ce que Dieu leur a révélé, et ce quelle que soit la connaissance rationnelle des sages et des penseurs. Leur sagesse, leur connaissance et leur science ne sont que des opinions humaines lacunaires et ne sont que des conjectures… sujettes à des erreurs et des divergences, et leurs jugements sont relatifs. Qui peut alors arbitrer en cas de divergences inhérentes aux opinions issues de l'effort rationnel? C'est là que se matérialise la nécessité de la révélation et de la clarification prophétique pour trancher les conflits et les divergences, comme le dit Dieu: "Nous n'avons fait descendre sur toi le livre qu'afin que tu leur manifestes ce en quoi ils ont divergé, une direction et une miséricorde pour des gens qui croient" (16:64)[3].

Khallaf (d. 1956), professeur de droit, écrit:

> Les savants religieux musulmans reconnaissent unanimement que le Législateur suprême est Dieu. C'est lui qui est la source des prescriptions, qu'elles soient énoncées explicitement dans les textes révélés à ses prophètes et, no-

---

[1] Ibn-Khaldoun: Discours sur l'histoire universelle, trad. Monteil, Imprimerie catholique, Beyrouth, 1967, p. 89.
[2] Ibid., p. 298.
[3] Al-mawsu'ah al-qur'aniyyah al-mutakhassisah, Wazarat al-awqaf, le Caire, 2003, p. 16.

tamment à Mahomet, ou que les savants religieux les en extraient ou les en déduisent par analogie[1].

Al-Sha'rawi (d. 1998), personnalité religieuse et politique égyptienne, explique que la révélation est venue trancher les questions sujettes à divergence, libérant ainsi l'homme de la peine de les résoudre par la discussion ou par des expériences répétitives épuisantes. Le musulman n'a pas à chercher en dehors de l'islam des solutions à ses problèmes, puisque l'islam offre des solutions éternelles et bonnes dans l'absolu[2]. Il ajoute:

> Si j'étais le responsable de ce pays ou la personne chargée d'appliquer la loi de Dieu, je donnerais un délai d'une année à celui qui rejette l'islam, lui accordant le droit de dire qu'il n'est plus musulman. Alors je le dispenserais de l'application du droit musulman en le condamnant à mort en tant qu'apostat[3].

Cette conception de la loi se reflète dans le domaine des droits de l'homme. Contrairement à la Déclaration universelle des droits de l'homme de 1948 qui se veut une émanation de l'Assemblée générale des Nations Unies, ne faisant aucune mention de Dieu, la Déclaration islamique universelle des droits de l'homme, promulguée en 1981 par le Conseil islamique (dont le siège est à Londres), affirme dans ses considérants:

> Forts de notre foi dans le fait que Dieu est le maître souverain de toute chose en cette vie immédiate comme en la vie ultime [...]

> Forts de notre conviction que l'intelligence humaine est incapable d'élaborer la voie la meilleure en vue d'assurer le service de la vie, sans que Dieu ne la guide et ne lui en assure révélation:

> Nous, les musulmans, [...] nous proclamons cette Déclaration, faite au nom de l'islam, des droits de l'homme tels qu'on peut les déduire du très noble Coran et de la très pure Tradition prophétique (*sunnah*)[4].

La position musulmane susmentionnée a pour corollaire l'absence du concept de la souveraineté du peuple chez les musulmans, concept clé pour toute démocratie. Al-'Ayli, auteur contemporain, écrit que "la nation dans le système musulman ne saurait contredire un texte du Livre ou de la Sunnah, ou conclure un acte dont les conditions leur sont contraires, quelle que soit l'unanimité des gouverneurs de cette nation". "L'islam ne connaît pas d'organe dont l'avis prime en cas de litige. Il ne connaît pas de majorité ni de minorité. On ne saurait recourir à l'avis de la nation en tant que source des pouvoirs [...]. Mais le recours est à Dieu et à son messager. La nation et ses dirigeants n'ont pas de pouvoir législatif; ils ne peuvent que se

---

[1] 'Abd Al-Wahhab Khallaf: Les fondements du droit musulman, trad. Claude Dabbak, Asma Godin et Mehrezia Labidi Maiza, Édition Al-Qalam, Paris, 1997, p. 145.

[2] Muhammad Mitwalli Al-Sha'rawi: Qadaya islamiyyah, Dar al-shuruq, Beyrouth et le Caire, 1977, p. 35-39.

[3] Ibid., p. 28-29.

[4] Texte dans: Sami A. Aldeeb Abu-Sahlieh: Projets de constitutions et droits de l'homme islamiques, Éditions de Paris, Paris, p. 233.

référer à Dieu et à son messager pour en déduire les normes"[1]. Le Coran dit concernant la majorité:

Si tu obéis à la plupart de ceux qui sont sur la terre, ils t'égareront de la voie de Dieu. Ils ne suivent que la présomption et ne font que conjecturer (6:116).

Les auteurs musulmans qui acceptent de parler de la souveraineté du peuple se pressent à en fixer les limites:

- Si la question à réglementer fait l'objet d'un texte du Coran ou de la Sunnah, à la fois authentique et clair, la nation ne peut que s'y soumettre.
- Si le sens peut prêter à différentes interprétations, la nation peut en déduire une solution à partir de la compréhension du texte, en préférant une interprétation à une autre.
- En l'absence de texte, la nation est libre d'établir la norme qui lui convient, dans le respect de l'esprit du droit musulman et de ses règles générales[2].

---

[1] 'Abd-al-Hakim Hasan Al-'Ayli: Al-hurriyyat al-'ammah, Dar al-fikr al-'arabi, le Caire, 1974, p. 214-216.

[2] Fathi 'Abd-al-Karim: Al-dawlah wal-siyadah fil-fiqh al-islami, Maktabat Wahbah, le Caire, 1977, p. 227-228; 'Abd-al-Jalil Muhammad 'Ali: Mabda' al-mashru'iyyah fil-nidham al-islami wal-andhimah al-qanuniyyah al-mu'asirah, 'Alam al-kutub, le Caire, 1984, p. 216-224.

Chapitre 3.
Application du droit musulman

Pour les musulmans, la loi de Dieu doit s'appliquer partout et en tout temps, non seulement dans les pays musulmans, mais aussi en Occident. La foi en Dieu et la loi de Dieu sont intimement liées. D'où le conflit entre les mouvements islamistes et les régimes musulmans qui n'appliquent pas intégralement le droit musulman, et les revendications des musulmans en Occident.

1. Application du droit musulman dans les pays musulmans

Dans les pays musulmans, le droit musulman joue un rôle important dans presque tous les aspects de la vie. Ainsi, il sert de référence pour déterminer ce qui est licite et ce qui est illicite dans les domaines de l'éthique sexuelle (mixité entre hommes et femmes, rapports sexuels hors mariage, etc.) et médicale (avortement, procréation artificielle, planification familiale, tabagisme, clonage, etc.), de la tenue vestimentaire, des interdits alimentaires, des limites du sport, des restrictions sur le plan artistique et de la liberté d'expression, de l'économie (intérêts pour dettes et activités bancaires, paris et jeux de hasard, assurances, impôt religieux, etc.), du travail de la femme et de sa participation à la vie politique, de l'intégrité physique (circoncision masculine et féminine), etc.

Toutefois, sur le plan formel, le système juridique des pays musulman est un système hybride, composé principalement de lois inspirées du droit occidental, à commencer par la constitution elle-même, le code civil, le code pénal, le code administratif, les codes de procédure, etc. Le droit musulman ne persiste que dans le domaine du statut personnel (droit de la famille et des successions) et, dans certains pays comme l'Arabie saoudite et l'Iran, dans le domaine du droit pénal. Et ce, malgré le fait que les constitutions des pays musulmans affirment que l'islam est religion d'État et que le droit musulman est une source, voire la source principale du droit.

Les milieux fondamentalistes voudraient que la dualité qui existe dans le système juridique des pays musulmans disparaisse en faveur de l'application exclusive du droit musulman. Leur opposition aux lois d'origine étrangère se manifeste de différentes manières: recours à la cour constitutionnel contre les lois estimées contraires au droit musulman, présentation de projets de lois conformes au droit musulman, appel à la désobéissance civile des juges[1], procès et menace physique contre ceux qui s'opposent à l'application du droit musulman, révolte armée.

Pour les islamistes, il n'est pas possible de faire de l'éclectisme, prenant une partie du droit musulman et fermant les yeux sur le reste. Le Coran affirme à cet égard:

---

[1] Voir à cet égard l'ouvrage du juge égyptien Mahmud 'Abd-al-Hamid Ghurab: Ahkam islamiyyah idanah lil-qawanin al-wad'iyyah, Dar al-i'tisam, le Caire, 1986. Ce juge rend ses décisions en conformité avec le droit musulman et refuse d'appliquer le droit positif égyptien. Sur ce juge voir: Sami A. Aldeeb Abu-Sahlieh: Le juge égyptien Ghurab assis entre deux chaises, Schulthess, Zurich, 1992, p. 173-195.

Croyez-vous donc en une partie du livre et mécroyez-vous dans l'autre partie? La rétribution de ceux parmi vous qui font cela ne sera que l'ignominie dans la vie ici-bas, et au jour de la résurrection, ils seront ramenés au châtiment le plus fort. Dieu n'est pas inattentif à ce que vous faites (2:85).

Ceci pose un problème: jusqu'où peut-on aller dans l'application du droit musulman? Les islamistes souhaitent que les normes musulmanes actuellement en vigueur dans les pays musulmans soient maintenues et renforcées. C'est le cas dans le domaine du droit de la famille avec ses restrictions contraires aux droits de l'homme: interdiction du mariage d'une musulmane avec un non-musulman, inégalité en matière successorale entre homme et femme, etc. Ils veulent mettre fin à toutes les réformes intervenues, par exemple en Tunisie qui a interdit la polygamie. En outre, ils souhaitent le retour aux normes pénales: amputation de la main du voleur, lapidation pour le délit d'adultère, application de la loi du talion en cas de coups et blessures, mise à mort de l'apostat, etc. Ils veulent aussi interdire le système bancaire actuel et établir un système bancaire musulman. Mais la liste des normes musulmanes à réhabiliter risque d'être encore plus longue: interdiction du travail de la femme, interdiction de la musique et du cinéma, démolition des statues, imposition de la *jizyah* (tribut) aux non-musulmans et exclusion de ces derniers du parlement.

Certains se demandent même si le retour à l'esclavage ne fait pas partie du programme des islamistes puisque le droit musulman l'a réglementé. Cette institution ne manque pas de nostalgiques. Répliquant à un auteur qui nie l'esclavage dans l'islam, Al-Mawdudi (d. 1979), le grand savant religieux pakistanais, dit: "Est-ce que l'honorable auteur est en mesure d'indiquer une seule norme coranique qui supprime l'esclavage d'une manière absolue pour l'avenir? La réponse est sans doute non"[1]. Le Cheikh Salah Abu-Isma'il, parlementaire égyptien, défend le retour à l'esclavage pour les femmes ennemies qui tombent prisonnières dans les mains des musulmans. Il explique que les musulmans peuvent décider dans ce cas soit de les libérer sans ou avec contrepartie, soit de les tuer, soit de les réduire à l'état d'esclaves captives. Si on décide de réduire une femme à cet état, elle devient la propriété d'un homme en vertu des normes du droit musulman, et son propriétaire a le droit d'attendre qu'elle ait ses règles pour s'assurer que son ventre n'est pas occupé par une grossesse provoquée par un autre homme (*sic*). S'il voit qu'elle n'est pas enceinte, il a le droit de cohabiter avec elle comme un mari à l'égard de sa femme. Si cette esclave met au monde un enfant et que le père meure, elle est héritée par son fils à titre de bien. Mais comme une mère ne peut être la possession de son fils, cette captive devient libre[2]. Un professeur égyptien, docteur en droit de la Sorbonne, propose un projet de loi en conformité avec le droit musulman qui devrait

---

[1] Abu-al-A'la Al-Mawdudi: Al-islam fi muwajahat al-tahaddiyat al-mu'asirah, Dar al-qalam, Kuwait, 2ᵉ édition, 1978, p. 64. Al-Mawdudi consacre les pages 63 à 109 à la question de l'esclavage et des relations sexuelles avec les captives.

[2] Salah Abu-Isma'il: Al-shahadah, Dar al-i'tisam, le Caire, 2ᵉ édition, 1984, p. 78-79.

remplacer les Conventions de Genève, avec pour conséquences le retour à l'esclavage[1].

Les citations susmentionnées prouvent que dans l'esprit de leurs auteurs l'abolition de l'esclavage est une mesure provisoire et qu'il est envisageable de le réintroduire. Un ouvrage d'une Égyptienne ne cache pas sa crainte devant cette perspective. Le retour à l'esclavage est une éventualité qu'il ne faut pas écarter si un jour les islamistes accèdent au pouvoir[2].

Ces quelques références démontrent, si besoin est, que la demande de revenir au droit musulman est élastique et peut toujours nous réserver des surprises. Les excès des Talibans en Afghanistan fournissent un exemple vivant. Ceci engendre un climat de peur chez les régimes musulmans en place, les libéraux musulmans, les mouvements féministes musulmans et les minorités non-musulmanes. Nous verrons dans la partie 2, chapitre 1 les moyens développés par les libéraux musulmans pour faire face aux intégristes.

2. Système de la personnalité des lois

Comme nous venons de voir, pour les musulmans Dieu est le législateur. Étant unique, on devait s'attendre à ce que la loi soit la même pour tous. Mais Mahomet était pragmatique. Il a tenté au début de sa mission de rallier à sa religion les communautés religieuses qu'il fréquentait, mais sans succès. Il a fini par admettre que cette division est voulue par Dieu, et il s'est limité à demander des différentes communautés de concurrencer dans le bien, remettant à Dieu, dans l'autre vie, le règlement de leurs divergences[3]. Dieu jugera alors chaque communauté d'après sa loi religieuse[4]. Mahomet a imposé aux musulmans de croire à tous les prophètes[5] tout en estimant que sa religion est universelle, la seule authentique et agréée par Dieu[6]. Cette cohabitation entre la communauté musulmane et les autres communautés religieuses est réglée notamment par les versets suivants:

> Ceux qui ont cru, les juifs, les nazaréens et les sabéens, quiconque a cru en Dieu et au jour dernier et fait une œuvre vertueuse, auront leur salaire auprès de leur Seigneur. Nulle crainte pour eux, et ils ne seront point attristés (2:62).

> Ceux qui ont cru, les juifs, les sabéens, et les nazaréens, quiconque a cru en Dieu et au jour dernier et fait une œuvre vertueuse, nulle crainte pour eux, et ils ne seront point attristés (5:69).

> Ceux qui ont cru, les juifs, les sabéens, les nazaréens, les mages et les associateurs, Dieu décidera parmi eux le jour de la résurrection. Dieu est témoin de toute chose (22:17).

---

[1] Hamad Ahmad Ahmad: Nahwa qanun muwahhad lil-jiyush al-islamiyyah, Maktabat al-Malik Faysal al-islamiyyah, s.l., 1988.

[2] Sana' Al-Masri: Khalf al-hijab: mawqif al-jama'ah al-islamiyyah min qadiyyat al-mar'ah, Sina lil-nashr, le Caire, 1989, p. 105-112.

[3] 2:148; 2:213; 5:48; 10:19; 11:118; 16:93; 42:8.

[4] 2:120; 2:145; 45:28.

[5] 2:4-5; 2:136; 2:177; 2:285; 3:84; 3:179; 4:136; 4:150-152; 4:171; 5:59; 29:46; 42:15; 57:19.

[6] 3:19; 3:85; 7:158; 25:1; 34:28.

Selon ces versets, les *Gens du livre*, à savoir les juifs, les chrétiens, les sabéens et les zoroastriens (mages), auxquels on ajouta les samaritains, ont le droit de vivre au sein de l'État musulman, contre versement de la *jizyah* (tribut des vaincus payé en état d'humilité selon le verset 9:29). Toutefois, ceux de l'Arabie furent sommés soit de se convertir, soit de partir. Sur son lit de mort, Mahomet appela Umar (d. 644), le futur 2ᵉ calife, et lui dit: "Deux religions ne doivent pas coexister dans la Péninsule arabe"[1]. Rapportant ces paroles, Mawerdi (d. 1058) écrit: "Les tributaires ne furent pas admis à se fixer dans le Hijaz; ils ne pouvaient y entrer nulle part plus de trois jours". Leurs cadavres mêmes ne sauraient y être enterrés et, "si cela a eu lieu, ils seront exhumés et transportés ailleurs, car l'inhumation équivaut à un séjour à demeure"[2]. Encore aujourd'hui l'Arabie saoudite invoque cette norme pour priver sur son territoire tous les non-musulmans du droit de pratiquer leurs cultes.

Les relations entre les musulmans et les membres des autres communautés religieuses tolérées hors de l'Arabie ont connu des hauts et des bas, et nombreux furent ceux qui se convertirent avec le temps à l'islam pour diverses raisons. Ceux qui sont restés fidèles à leur foi, pouvaient bénéficier d'une certaine autonomie législative et judiciaire, notamment en matière du droit de la famille. C'est ce qu'on appelle le système de la personnalité des lois prévu par le Coran:

> Nous avons fait descendre la Torah dans laquelle il y a direction et lumière. D'après elle, les prophètes qui se sont soumis [à Dieu], ainsi que les rabbins et les docteurs jugent [les affaires] des juifs [...]. Ceux qui ne jugent pas d'après ce que Dieu a fait descendre, ceux-là sont les mécréants [...]. Ensuite, sur leurs traces, nous avons fait suivre Jésus, fils de Marie, confirmant ce qui est devant lui de la Torah. Nous lui avons donné l'Évangile, où il y a direction et lumière, confirmant ce qui est devant lui de la Torah, une direction et une exhortation pour ceux qui craignent [Dieu]. Que les gens de l'Évangile jugent d'après ce que Dieu y a fait descendre. Ceux qui ne jugent pas d'après ce que Dieu a fait descendre, ceux-là sont les pervers (5:44-48).

Selon ce système, chaque communauté avait ses tribunaux et ses lois. Ces dernières étaient forcément divergentes, et les conflits entre ces lois étaient réglés en faveur de la loi musulmane. Ainsi, le musulman peut épouser quatre femmes, alors que le chrétien ne peut épouser qu'une seule. Il est interdit au musulman de consommer du vin et de manger du porc, alors que le chrétien peut le faire. Le musulman peut épouser une chrétienne ou une juive, mais le chrétien et le juif sont interdits d'épouser une femme musulmane. Les enfants issus d'un mariage mixte entre un musulman et une chrétienne ou une juive sont nécessairement musulmans. En matière d'héritage, le droit musulman interdit la succession entre les gens appartenant à différentes communautés religieuses. Ainsi, la femme chrétienne ou juive n'hérite pas de son mari musulman défunt ou de ses enfants, et vice-versa.

Ce système juridique multiconfessionnel persiste encore aujourd'hui dans certains pays arabes avec plus ou moins d'étendue, mais la tendance va vers l'unification. Ainsi en Jordanie ou en Syrie, les communautés religieuses non-musulmanes ap-

---

[1]   Malik, récit 1388.
[2]   Mawerdi: Les statuts gouvernementaux, Le Sycomore, Paris, 1982, p. 357.

pliquent leurs lois religieuses en matière de statut personnel et ont leurs propres tribunaux religieux, alors que l'Égypte a supprimé les tribunaux religieux tout en maintenant les lois des différentes communautés[1].

La tolérance relative susmentionnée est refusée aux apostats, aux polythéistes et aux groupes qui ne sont pas mentionnés expressément dans le Coran. Nous en dirons ici un mot en commençant par les apostats.

Les musulmans ne cessent de répéter que l'islam est une religion tolérante et que la liberté religieuse y est garantie. Trois versets du Coran sont souvent cités comme preuve:

> Nulle contrainte dans la religion ! (2:256).

> La vérité [est venue] de votre Seigneur. Celui qui souhaite, qu'il croie; et celui qui souhaite, qu'il mécroie (18:29).

> Si ton Seigneur [l']avait souhaité, ceux qui sont sur la terre auraient tous ensemble cru. Est-ce toi qui contrains les humains pour qu'ils soient croyants? Il n'appartient à une âme de croire qu'avec l'autorisation de Dieu (10:99-100).

Ces versets, cependant, n'ont pas empêché les légistes musulmans classiques à prévoir, à l'instar de leurs collègues contemporains juifs et chrétiens, la peine de mort contre toute personne qui quitte leur religion. En fait, la liberté religieuse pour ces légistes est une liberté à sens unique, un peu à la manière des prisons: liberté d'entrer, interdiction de sortir. En principe, on est libre de devenir ou de ne pas devenir musulman. Mais celui qui est musulman une fois, doit le rester pour toujours, même s'il avait hérité l'islam de ses parents.

Le Coran est invoqué pour prouver la liberté religieuse; mais aussi pour prescrire la peine de mort contre le musulman qui quitte l'islam. Pourtant, aucun verset ne prévoit une telle peine.

Le Coran parle de l'apostasie en utilisant soit le terme *kufr* (mécréance)[2], soit le terme *riddah* (revenir en arrière)[3]. Des châtiments contre l'apostat y sont prévus dans la vie dernière. Seul le verset 9:74 parle de *châtiment affligeant, dans la [vie] ici-bas*, sans préciser en quoi il consiste. Ce verset dit:

> Ils jurent par Dieu qu'ils n'ont pas dit, alors qu'ils ont dit la parole de la mécréance et ils ont mécru après leur soumission. Ils ont projeté d'avoir ce qu'ils n'ont pas eu. Ils ne reprochaient si ce n'est que Dieu, ainsi que son envoyé, les a enrichis de par sa faveur. S'ils reviennent, ce serait mieux pour eux. S'ils tournent le dos, Dieu les châtiera d'un châtiment affligeant, dans la [vie] ici-bas et la [vie] dernière; et ils n'auront sur terre ni allié ni secoureur.

Les récits de Mahomet, qui constituent la deuxième source du droit musulman, sont en revanche plus explicites. Mahomet aurait dit:

---

[1]   Sur la situation en Égypte, voir notre ouvrage: Sami A. Aldeeb Abu-Sahlieh: L'impact de la religion sur l'ordre juridique, cas de l'Égypte, non-musulmans en pays d'islam, Éditions universitaires, Fribourg, 1979.

[2]   Voir les versets coraniques 2:217 et 47:25-27.

[3]   Voir les versets coraniques 2:208; 3:86-90, 177; 4:137; 9:66, 74; 16:106-109.

Celui qui change sa religion, tuez-le.

Il n'est pas permis d'attenter à la vie du musulman que dans les trois cas suivants: la mécréance après la foi, l'adultère après le mariage et l'homicide sans motif.

Les légistes musulmans ont déduit de ces versets et de ces récits que l'homme qui abandonne l'islam et refuse de se rétracter doit être mis à mort. En ce qui concerne la femme, certains préconisent la prison à vie, à moins qu'elle ne se rétracte. Il faut y ajouter des mesures d'ordre civil: le mariage de l'apostat est dissous, ses enfants lui sont enlevés, sa succession est ouverte, il est privé du droit successoral.

En ce qui concerne les polythéistes (appelés associateurs), le verset 22:17 susmentionné les met sur un pied d'égalité avec les *Gens du livre*. Au début de sa mission, Mahomet semblait être disposé à reconnaître dans un passage coranique trois de leurs divinités: Al-Lat, Al-Uzzah et Manat. Mais, face à ses compagnons qui y voyaient une atteinte au monothéisme, il dénonça ce passage comme étant révélé par Satan (d'où *Les Versets sataniques* de Salman Rushdie) et le remplaça par un autre (53:19-23). Il admit aussi la possibilité de conclure un pacte avec les polythéistes (9:3-4). Mais ceci fut aussi dénoncé (9:7-11) et les polythéistes furent sommés, en vertu du *verset du sabre* (9:5), soit de se convertir, soit de subir la guerre jusqu'à la mort. Ce verset énonce:

Après que les mois sacrés se seront écoulés, tuez les polythéistes, partout où vous les trouverez; capturez-les, assiégez-les, dressez-leur des embuscades. Mais s'ils se repentent, s'ils s'acquittent de la prière, s'ils font l'aumône, laissez-les libres. Dieu est celui qui pardonne, il est miséricordieux.

Ainsi le nombre des communautés admises fut clos, raison pour laquelle les nouveaux groupes religieux qui ne sont pas mentionnés dans le Coran sont interdits. C'est le cas des Bahaïs. Les premiers adeptes de ce groupe créé en 1863 étaient des musulmans qui ont abandonné leur religion et, par conséquent, ils ont été considérés apostats. La majorité des Bahaïs aujourd'hui ne sont pas d'origine musulmane, mais les pays musulmans refusent encore de les reconnaître.

Le système de la personnalité des lois décrit plus haut en faveur des *Gens du livre* peut paraître plus tolérant que le système unitaire, mais il a le désavantage de mettre en danger l'unité du pays en formant des États dans l'État, de mettre hors la loi ceux qui n'appartiennent à aucune communauté religieuse reconnue, et d'avantager une communauté en cas de conflits de lois. Les pays ayant un système de personnalité des lois sont souvent exposés à des troubles religieux: Soudan, Égypte, Liban, Iraq, Israël, Pakistan, Inde, etc.

3. Application du droit musulman hors des pays musulmans

Les juristes musulmans classiques coupent le monde en deux. Il y a d'un côté la Terre de l'islam (*Dar al-islam*) qui comprend toutes les régions passées sous domination musulmane, que les habitants soient musulmans ou non. De l'autre côté de la frontière se trouve la Terre de la guerre (*Dar al-harb*), appelée souvent Terre de la mécréance (*Dar al-kufr*). Celle-ci, un jour ou l'autre, devra passer sous domination musulmane.

La Terre de la guerre peut bénéficier d'un traité de paix temporaire, devenant ainsi Terre de traité (*Dar 'ahd*). D'après Abu-Yusuf (d. 798), le grand juge de Bagdad,

> il n'est pas permis au représentant de l'Imam de consentir la paix aux ennemis quand il a sur eux une supériorité de forces; mais s'il n'a voulu ainsi que les amener par la douceur à se convertir ou à devenir tributaires, il n'y a pas de mal à le faire jusqu'à ce que les choses s'arrangent de leur côté[1].

Abu-Yusuf ne fait que paraphraser le Coran: "N'appelez pas à la paix alors que vous êtes les plus élevés. Dieu est avec vous" (47:35).

S'appuyant sur un épisode douloureux du début de l'islam, les juristes musulmans ont réglementé les rapports entre ces trois terres, affirmant que les musulmans ne devaient pas se retrouver hors de la Terre de l'islam. Pour échapper aux persécutions, Mahomet, accompagné de certains de ses adeptes, quitta en 622 la Mecque, sa ville natale, et se dirigea vers Yathrib, la ville de sa mère, devenue Médine. C'est le début de l'ère musulmane dite ère de l'Hégire, ère de la migration. Ceux qui quittèrent la Mecque pour aller à Médine portèrent le nom de *Muhajirun* (immigrés). Ceux qui leur portèrent secours furent appelés *Ansar*. Des musulmans, cependant, restèrent à la Mecque et continuèrent à vivre secrètement leur foi. Contraints de participer au combat contre les troupes de Mahomet, certains y perdirent la vie. Le Coran (4:97-98) reproche à ces derniers de rester à la Mecque. Plusieurs passages du Coran et récits de Mahomet prescrivent à tout musulman, vivant en pays de mécréance, de quitter son pays pour rejoindre la communauté musulmane, s'il le peut. Le but de cette migration est de se mettre à l'abri des persécutions, d'affaiblir la communauté mécréante et de participer à l'effort de guerre de la nouvelle communauté. Aussi, le Coran parle-t-il conjointement de ceux qui ont émigré et ont fait le jihad (2:218; 8:72, 74 et 75; 8:20; 16:110).

Invoquant l'autorité de Malik (d. 795), Ibn-Rushd (d. 1126), imam de la Mosquée de Cordoue et grand-père d'Averroès, affirme que l'obligation de migration est maintenue jusqu'au jour de la résurrection. Il cite les versets 4:97-98 et 8:72 et le récit de Mahomet: "Je suis quitte de tout musulman qui séjourne parmi les polythéistes". Selon Ibn-Rushd, le converti à l'islam dans un pays mécréant doit émigrer vers la *Terre d'islam* pour que les normes musulmanes lui soient appliquées. À plus forte raison, le musulman ne peut se rendre en *Terre de la mécréance*, car les lois mécréantes lui seront appliquées. Il ne peut s'y rendre que s'il cherche à racheter un musulman tombé en captivité. S'il y va volontairement pour une autre raison, il ne peut présider la prière et son témoignage est rejeté. Ibn-Rushd demande à l'autorité musulmane d'installer sur les routes des contrôles afin que personne ne puisse se rendre dans ce genre de pays, notamment s'il transporte ce qui est interdit et qui pourrait renforcer les mécréants dans leurs guerres contre les musulmans. Dieu, dit-il, a fixé à chacun une destinée à laquelle il parviendra et les richesses qu'il obtiendra[2].

---

[1]   Abou Yousof Ya'koub: Le Livre de l'impôt foncier (kitab al-kharadj), trad. et annoté par E. Fagnan, Librairie orientaliste Paul Geuthner, Paris, 1921, p. 319.

[2]   Ibn-Rushd: Kitab al-muqaddimat al-mumahhidat, Dar Sadir, Beyrouth, s.d., p. 611-613.

En application de cette doctrine de la migration, les musulmans ont quitté les pays qui ont été reconquis par les chrétiens. Ainsi, en 1091, la reconquête chrétienne de la Sicile fut achevée après une occupation musulmane d'un peu plus de 270 années. Un grand nombre de musulmans quittèrent l'île pour se réfugier de l'autre côté de la Méditerranée. L'Imam Al-Mazari, originaire de Mazara en Sicile, (d. 1141, en Afrique du Nord) répondant à des musulmans vivant en Sicile leur rappela l'interdiction de séjourner en *Terre de mécréance*, hormis les exceptions suivantes:

- Le séjour dans un pays ennemi pour une raison impérieuse.

- Le séjour volontaire mais en ignorant que le séjour est interdit.

- Le séjour en territoire ennemi en espérant l'arracher d'entre les mains des occupants et le restituer aux musulmans, ou parvenir à mettre les infidèles sur la bonne voie, ou, du moins, à les détourner d'une hérésie quelconque[1].

Avec la capitulation de Tolède en 1085, la grande majorité des musulmans quittèrent la ville. Ceux qui y sont restés pouvaient garder leur mode de vie, leurs propriétés, leurs lieux habituels de résidence, ainsi que leur régime fiscal et leur liberté de culte contre le paiement d'un tribut[2]. Ces musulmans étaient méprisés par ceux qui avaient émigré et par ceux qui n'avaient pas été conquis. Ils les appelaient *Ahl al-dajn*, ou *Mudajjan* - et en espagnol *Mudéjar* - mots utilisés pour qualifier les animaux apprivoisés ou domestiqués, par opposition aux animaux libres. Nombre de musulmans se convertirent au christianisme mais continuèrent de vivre secrètement leur foi, s'exposant à la fureur de l'Inquisition. Ils furent appelés les Morisques. La tolérance des rois chrétiens d'Espagne à l'égard de leurs sujets, tant juifs que musulmans, ne devait pas durer. Après avoir décidé d'expulser les juifs en 1492, ils décidèrent d'expulser aussi les musulmans, expulsion qui fut achevée dans toute l'Espagne au cours de l'année 1610[3].

Les Morisques, sous le pouvoir chrétien, cachaient leur religion, en recourant à la dissimulation prévue par le Coran (3:28 et 16:106). Légitimant une telle attitude, une *fatwa* du mufti Ahmad Ibn Jumayra, datée du début de décembre 1504, donnait aux Morisques des consignes précises pour s'adapter au milieu qui leur était hostile. Ainsi, si les chrétiens les obligeaient à injurier le Prophète, ils devaient prononcer son nom comme Hamed, à la manière des chrétiens et penser, non à l'envoyé de Dieu, mais à Satan ou à une personne juive du nom de Muhammad. S'ils étaient forcés de se rendre à l'église, à l'heure de la prière musulmane, ils étaient dispensés de celle-ci, et le culte leur serait compté comme s'ils avaient accompli la prescription coranique, tournés vers la Mecque. S'ils étaient empêchés de faire la prière le jour, ils devaient la faire la nuit. L'ablution rituelle pouvait également être rempla-

---

[1]   Texte arabe et traduction de la fatwa d'Al-Mazari, in: Abdel-Magid Turki: Consultation juridique d'Al-Imam Al-Mazari sur le cas des musulmans vivant en Sicile sous l'autorité des Normands, in: Mélanges de l'Université St-Joseph, Beyrouth, 1980, p. 697-704.

[2]   Miguel-Angel Ladero Quesada: La population mudéjare, état de la question et documentation chrétienne en Castille, in: Minorités religieuses dans l'Espagne médiévale, Revue du Monde musulman et de la Méditerranée, no 63-64, 1992/1-2, p. 134.

[3]   Chrétiens, musulmans et juifs dans l'Espagne médiévale: de la convergence à l'expulsion, Cerf, Paris, 1994, p. 313 et 333.

cée. Suivant les circonstances, ils se plongeaient dans la mer, ou frottaient le corps avec une substance propre, terre ou bois. S'ils étaient obligés de boire du vin ou de manger du porc, ils pouvaient le faire, mais en sachant que c'était un acte impur et à condition de le condamner mentalement. S'ils étaient forcés de renier leur foi, ils devaient essayer d'être évasifs, et si on les pressait, ils devaient intérieurement nier ce qu'on les obligeait à dire[1].

La *fatwa* précédente concernait les musulmans qui ne pouvaient pas émigrer de leur pays[2]. Quant à ceux qui le pouvaient, Al-Wansharisi (d. 1508) est d'avis, dans deux *fatwas* datant de 1484 et 1495, qu'ils ne devaient pas rester[3]. Il estime que la migration de la *Terre de la mécréance* vers la *Terre de l'islam* reste un devoir jusqu'au jour de la résurrection. Seul est dispensé de la migration celui qui ne peut l'accomplir pour raison de paralysie, de captivité, de maladie grave ou de grande faiblesse. Celui-ci doit cependant garder l'intention d'émigrer dès qu'il le pourra. Celui qui refuse d'émigrer quitte la communauté[4] et approuve la supériorité de la mécréance sur l'islam. Il ne pourra accomplir ni la prière sans que les mécréants se moquent de lui - ce qui est condamné par le Coran (5:58), ni le devoir de l'aumône légale due à l'imam - qui est un élément important de l'islam, ni le devoir du jeûne du Ramadan, ni le pèlerinage à la Mecque, ni le *jihad*. Ce séjour en *Terre de mécréance* est contraire à la parole de Mahomet qui dit: "Le musulman ne doit pas s'avilir"; "La main supérieure est meilleure que la main inférieure". Un tel séjour expose les musulmans, notamment les petits, les incapables et les femmes, à la perversion en matière de religion. D'autre part, les descendants des musulmans risquent, en restant parmi les mécréants, d'être détournés par les non-musulmans de leur religion par le mariage et de copier leurs habitudes, leurs habits, leurs mauvaises coutumes et leur langue. Or, si l'on perd la langue arabe, on perd le culte qui lui est lié. Enfin, les musulmans ne peuvent pas se fier aux mécréants qui peuvent trouver des prétextes pour les accabler de taxes et manquer à leurs engagements[5].

Au début de la colonisation occidentale, certains juristes et leaders musulmans ont appliqué à la lettre la règle musulmane de la migration. Un nombre non négligeable de musulmans a ainsi émigré d'Afrique du Nord pour la Turquie. En 1920, une grande vague de migration a eu lieu de l'Inde vers l'Afghanistan, après que la première ait été déclarée Terre de mécréance. Cette migration s'est avérée catastrophique pour ces émigrants qui devaient, par la suite, revenir en Inde démunis et frustrés. Des centaines parmi eux sont morts en quittant l'Inde, puis au retour[6].

---

[1]   Louis Cardaillac: Morisques et chrétiens, un affrontement polémique 1492-1640, Librairie Klincksieck, Paris, 1977, p. 88-90; Leila Sabbagh: La religion des Moriscos entre deux fatwas, in: Les Morisques et leur temps, CNRS, Paris, 1983, p. 49-53.

[2]   Sabbagh, op. cit., p. 53.

[3]   Al-Wansharisi: Al-mi'yar al-mu'rib wal-jami' al-mujrib 'an fatawa ahl Afriqya wal-Andalus wal-Maghrib, Wazarat al-awqaf, Rabat, 1981, vol. 2, p. 133-134 et vol. 10, p. 107-109.

[4]   Ibid., vol. 2, p. 119-133.

[5]   Ibid., vol. 2, p. 137-141.

[6]   Muhammad Khalid Masud: The obligation to migrate: the doctine of hijra in islamic law, in: Dale F. Eickelman et James Piscatori (éd.): Muslim travellers: pilgrimage, migration, and the religious imagination, Routledge, London, 1990, p. 40-41. Voir les fatwas concernant l'Inde in: W. W. Hunter: The Indian Musalmans, are they bound in conscience to rebel against the Queen? Réim-

La majorité des musulmans fut cependant obligée de rester et de s'adapter à une nouvelle réalité, et ce d'autant plus que les régimes coloniaux furent, en règle générale et dans leur propre intérêt, tolérants en matière religieuse. Ils permirent aux musulmans de pratiquer librement leur religion, et de maintenir et d'appliquer leurs propres lois avec leurs propres tribunaux et leurs propres juges sur de nombreuses questions sociales, civiles et économiques[1].

Aujourd'hui, avec la fin de la colonisation, se pose le problème inverse, celui de l'émigration des musulmans vers les pays non-musulmans qui les colonisaient auparavant. Des ouvrages modernes continuent à affirmer que les musulmans n'ont pas le droit de séjourner en pays de mécréance, sauf cas de nécessité, et à condition d'appliquer les normes islamiques et de convertir leurs habitants à l'islam[2]. Ces ouvrages s'opposent surtout à l'acquisition de la nationalité des pays mécréants par les musulmans[3]. Une fatwa saoudienne de 1982, concernant un imam algérien en France qui voulait savoir s'il pouvait acquérir la nationalité française, affirme: "Il n'est pas permis d'acquérir volontairement la nationalité d'un pays mécréant du fait que cela implique l'acceptation de ses normes, la soumission à ses lois, l'assujettissement et l'alliance avec ce pays. Or, il est clair que la France est un pays mécréant en tant que gouvernement et en tant que peuple, et tu es un musulman. Il ne t'est donc pas permis d'acquérir la nationalité française"[4].

Face à l'impossibilité d'interdire aux musulmans l'émigration vers les pays mécréants, Al-Jaza'iri, le prédicateur de la Mosquée du Prophète à Médine, préconise la création d'une commission de tous les pays musulmans dans le but de sauvegarder les droits des immigrés musulmans en pays non-musulmans, avec un budget auquel doivent participer tous les pays musulmans selon leur capacité. Le but de cette commission est de prendre des mesures visant à "empêcher les musulmans de se dissoudre dans les sociétés mécréantes et athées". Parmi ces mesures:

- Construire les mosquées pour y prier et apprendre leur religion.
- Fournir les imams et les livres.
- Unir les musulmans pour en créer un seul groupe qui sera rattaché exclusivement à ladite commission.
- Organiser un enseignement religieux aux immigrés.
- Créer une coopération entre les immigrés afin d'avoir une boucherie et un cimetière.
- Créer un comité de trois savants religieux dans chaque pays d'immigration dont le but est de résoudre les conflits entre les immigrés, de conclure et de

pression de l'édition de 1871, Premier Book House, Lahore, 1974, p. 185-187.

[1] Bernard Lewis: La situation des populations musulmanes dans un régime non-musulman, réflexions juridiques et historiques, in: Bernard Lewis et Dominique Schnapper: Musulmans en Europe, Poitiers, Actes Sud, 1992, p. 29-30.

[2] Voir par exemple: Dalil al-muslim fi bilad al-ghurbah, Dar al-ta'aruf lil-matbu'at, Beyrouth, 1990.

[3] Voir Muhammad Ibn 'Abd-al-Karim Al-Jaza'iri: Tabdil al-jinsiyyah riddah wa-khiyanah, s.m., s.l., 2e édition, 1993.

[4] Abu-Bakr Jabir Al-Jaza'iri: I'lam al-anam bi-hukm al-hijrah fil-islam, Rasa'il Al-Jaza'iri, Maktabat Linah, Damanhur, 3e édition, 1995, p. 723-725.

dissoudre leurs mariages, de partager leur héritage en conformité avec le droit musulman afin que les immigrés évitent de s'adresser à des tribunaux non-musulmans. Ce comité doit aussi fonder une caisse d'entraide dans chaque mosquée, établir une loi économique et créer une banque de dépôt selon les normes musulmanes[1].

Certains musulmans vivant dans les pays musulmans réclament, pour leurs coreligionnaires vivant dans les pays non-musulmans, l'application du droit musulman en matière du droit de famille de la même manière que les pays musulmans appliquent les droits religieux aux différentes communautés chrétiennes qui y vivent. Un professeur égyptien écrit à cet effet:

Les États non-musulmans, qui prétendent être les plus civilisés, ne réservent aux musulmans parmi leurs citoyens aucun traitement particulier dans les matières du droit de famille, du fait qu'elles entrent dans l'*ordre public* devant lequel tous sont égaux. Dans l'islam, par contre, les non-musulmans sont soumis, dans ces matières, aux normes de leurs lois. Quelle belle équité, celle de l'islam[2].

Un autre professeur égyptien souhaite la création d'un Code musulman de la famille applicable aux musulmans vivant dans les pays non-musulmans et qui optent pour un tel code. Ce code serait inspiré entièrement du droit musulman dans son interprétation contemporaine la plus conciliable avec les principes des valeurs universelles. Le but est "de permettre la coexistence entre les membres de la communauté musulmane et les autres communautés en respectant la culture et les intérêts légitimes de cette communauté musulmane grandissante"[3]. L'application d'un tel code, selon le professeur en question, pourrait être limitée aux musulmans établis en Europe et dont les liens avec le pays d'origine se trouvent rompus. Mais il ne le sera ni aux musulmans européens ni aux musulmans non établis en Europe dont les rapports restent étroits avec leurs pays. Ce code unifié peut éviter, en principe, les principales discriminations dont on accuse le droit musulman, à savoir la discrimination à cause du sexe et de la religion. Il devrait ainsi:

- écarter l'empêchement successoral pour disparité de culte;
- limiter la polygamie à des cas exceptionnels, comme le véritable esprit du droit musulman l'a voulu;
- limiter ou subordonner la répudiation unilatérale à des conditions qui la rapprochent du divorce, de sorte qu'elle ne méconnaisse pas les droits de la partie défenderesse.

De la sorte, ajoute le professeur égyptien, "on peut élaborer sur la base du droit musulman, un système personnel musulman qui permettra aux musulmans vivant

---

[1] Ibid., p. 726-729.

[2] Ahmad Abd-al-Karim Salamah: Mabadi al-qanun al-duwali al-islami al-muqaran, Dar al-nahdah al-arabiyyah, le Caire, 1989, p. 172.

[3] Fouad Riad: Pour un code européen de droit musulman, in: Le statut personnel des musulmans, droit comparé et droit international privé, sous la direction de Jean-Yves Carler et Michel Verwilghen, Bruxelles, 1992, p. 380.

en Occident de réaliser leur but principal qui est d'établir leur identité sans vivre en dysharmonie avec la société à laquelle ils sont appelés à s'intégrer"[1].

La proposition des deux professeurs égyptiens n'est pas nouvelle. Ainsi on lit dans le *Colloque du Kuwait relatif aux droits de l'homme en islam* organisé en 1980 par la *Commission internationale des juristes*, l'*Université du Kuwait* et l'*Union des avocats arabes*:

Le Colloque recommande à tous les États de respecter les droits des minorités dans l'exercice de leurs traditions culturelles et de leurs rites religieux, ainsi que le droit de se référer dans leur statut personnel à leurs croyances religieuses, comme il recommande à ces États de prodiguer le soutien nécessaire à toutes les initiatives qui encouragent cet esprit et renforcent cette orientation et cette tendance[2].

---

[1] Ibid., p. 381-382.
[2] Voir pour ce colloque Aldeeb Abu-Sahlieh: Projets de constitutions et droits de l'homme islamiques, op. cit., document 7, la citation est de la page 163.

Chapitre 4.
Scénario du Parti de libération islamique (HT)

Le monde islamique est divisé principalement en deux groupes: Il y a d'un côté les Sunnites, qui forment environ 90% des musulmans, et de l'autre côté les Chi'ites qui se trouvent surtout en Iran, en Irak, en Syrie et au Liban. À l'intérieur de chacun de ces deux groupes, il y a des tendances qui peuvent être classifiés en trois catégories: le courant islamique étatique officiel, le courant islamiste, et le courant libéral sur lequel nous reviendrons dans le dernier chapitre de cet ouvrage.

Nous présentons ici le scénario proposé par le Parti de libération islamique (*Hizb ut-tahrir al-islami*, ci-après: HT) très proche du droit musulman classique. Ce parti a déjà établi une constitution très détaillée selon laquelle il entend gouverner[1].

1. Genèse et évolution du HT

Le HT a été créé à Jérusalem en 1952 (ou 1953) par le Palestinien Taqiuddin Al-Nabhani. Né en 1909 à Ijzim (district de Haïfa), Al-Nabhani a étudié à l'Université d'Al-Azhar et à Dar al-'ulum au Caire, et aurait été membre des Frères musulmans. Après la guerre de 1948, il a quitté son pays avec sa famille pour s'établir à Beyrouth où il est mort en 1977. Il a occupé la fonction de juge au tribunal d'appel islamique de Jérusalem et, par la suite, il a enseigné à la Faculté islamique à Amman[2]. Al-Nabhani reste le principal idéologue du HT. Ses ouvrages sont reproduits en arabe[3] et en anglais sur les sites du HT[4].

Après la mort d'Al-Nabhani, le HT a été dirigé par le Palestinien Abdul-Qadeem Zalloom jusqu'à sa mort en 2003. L'actuel chef (portant le titre d'émir) est le Palestinien Ata Abu Rashta, qui présidait auparavant la section jordanienne[5]. On ne connaît pas avec certitude l'organigramme du HT, mais il est décrit généralement comme une organisation pyramidale fortement centralisée dont on ne connaît ni la structure, ni les noms des responsables, ni leurs lieux de résidence, ni leurs sources de financement. À la base de la pyramide, il y aurait des cellules composées chacune de cinq membres. Les membres seraient divisés en section en fonction des pays. Les pays islamiques où se trouvent ces membres sont appelés *wilayah*: province. Le site officiel du HT publie des rapports provenant des différentes provinces[6]. Le HT a des membres dans de nombreux pays musulmans et occidentaux, mais on ne connaît pas leur nombre. On sait par contre qu'une dizaine de milliers de personnes sont emprisonnés dans les pays musulmans et en Russie pour motif d'appartenance au HT. Bien que l'origine et la direction du HT soient palesti-

---

[1]   Traduction française dans Aldeeb Abu-Sahlieh: Projets de constitutions et droits de l'homme islamiques, op. cit., document 2, p. 35-68.

[2]   Sur l'historique du HT, voir notamment Suha Taji-Farouki: A fundamental quest: Hizb al-Tahrir and the search for the Islamic Caliphate, Grey Seal, Londres, 1996.

[3]   Les écrits arabes se trouvent surtout dans le site http://www.hizb-ut-tahrir.org/arabic/arabic.htm.

[4]   Les traductions anglaises se trouvent surtout dans le site http://www.islamic-state.org/.

[5]   Voir http://www.palestinianforum.net/forum/archive/index.php/t-9711. html;
      http://www.khilafah.com/home/category.php?DocumentID =106 22&TagID=1.

[6]   Voir en arabe: http://www.hizb-ut-tahrir.org/arabic/welayat/welaya. htm.

niennes, ce Parti connaît son plus grand succès dans les pays islamiques d'Asie centrale. Le centre médiatique du HT serait la Grande-Bretagne. Le porte-parole et représentant du HT dans ce pays est Dr. Imran Waheed, psychiatre, citoyen britannique d'origine pakistanaise.

Comme toute organisation, le HT a connu des dissidences. Des membres mécontents ou exclus du HT ont créé des groupes parallèles, préconisant parfois des méthodes plus musclées que l'organisation-mère. Parmi ces groupes, on cite notamment:

- Al-Mouhajiroun, groupe fondé en 1996 en Grande-Bretagne par Omar Bakri Mohammed[1]. Il aurait organisé des camps d'entrainement militaire à ses membres dans ce pays pour les envoyer en Afghanistan et ailleurs[2].

- Akramia, groupe qui porte le nom de l'Ouzbékistanais Akram Yuldashev. Ce groupe serait responsable des troubles dans ce pays[3].

Les auteurs font souvent la confusion entre le HT et ces deux groupes dissidents, certains estimant qu'il s'agit d'un seul et même groupe avec des répartitions des tâches[4].

Le HT se définit comme étant un parti politique dont l'idéologie est l'islam. Il insiste sur le fait qu'il n'est ni une organisation scientifique, ni éducative, ni caritative. Son objectif est d'appliquer intégralement la loi islamique, de rétablir le califat, d'unifier tous les pays islamiques, et de reprendre la guerre sainte en vue de l'expansion du pouvoir islamique sur l'ensemble des pays du monde[5]. Nous reviendrons dans les points suivants sur ces objectifs et les moyens utilisés pour y parvenir aussi bien sur le plan interne et que sur le plan international.

2. Politique du HT

2.1. Division du monde en *Dar al-islam* et *Dar al-harb*

Fidèle à la conception islamique classique, le HT partage le monde en deux: *Dar al-islam* (Terre de l'islam) et *Dar al-harb* (Terre de la guerre), appelée aussi *Dar al-kufr* (Terre de la mécréance).

Les écrits du HT ne donnent pas une définition univoque de ces notions. Un ouvrage, publié en arabe et en anglais, dit:

- *Dar al-islam*: elle comprend tout pays gouverné par l'autorité de l'islam et dans lequel les normes islamiques sont appliquées. Elle comprend aussi toute région qui était gouvernée dans le passé par les musulmans mais qui a été reconquise par les mécréants, comme l'Andalousie, ainsi que toute région où habite une

---

[1]   Sur la division au sein du HT, voir: http://www.james town.org/news_details.php?news_id=38; sur Bakir, voir: http://www. terrorisme.net/p/article_120.shtml.

[2]   The challenge of Hizb ut-Tahrir: deciphering and combatting radical islamist ideology, conference report, The Nixon Center, september 2004, in:
http://www.nixoncenter.org/Program%20Briefs/PB%202004/ confrephiztahrir.pdf, p. 20.

[3]   B. Raman: The Andijan uprising, the Background, South Asia Analysis Group, paper, 14.5.2005, paper no 1380, in http://www.saag. org/papers14/paper1380.html.

[4]   The challenge of Hizb ut-Tahrir, op. cit., p. 18-19.

[5]   The Methodology of Hizb ut-Tahrir for Change, Al-Khilafah Publications, Londres, 1999, in http://www.islamic-state.org/books/Meth odologyOfHizbUtTahrirForChange.pdf, p. 23-24.

majorité de musulmans même si le pouvoir n'est pas dans les mains des musulmans.

- *Dar al-harb* ou *Dar al-kufr*: elle comprend tous les pays qui ne sont pas gouvernés par l'autorité islamique et où les normes islamiques ne sont pas appliquées[1].

En vertu de cette dernière définition, aucun pays islamique ne saurait être considéré aujourd'hui comme Terre d'islam. Le HT n'hésite d'ailleurs pas à qualifier ces pays de *Dar kufr* et leurs régimes de *kafir* (mécréants), parce qu'ils n'appliquent pas intégralement la loi islamique[2]. Le but du HT est de transformer les pays où vivent les musulmans et qui sont gouvernés par des dirigeants musulmans en pays véritablement islamiques selon la conception de ce parti.

2.2. Régime prôné par le HT

2.2.1. Application intégrale et immédiate de la loi islamique

Le HT adopte strictement la conception classique de la loi islamique. Cette conception est d'ailleurs enseignée dans les facultés de droit et de sciences religieuses de tous les pays islamiques, mais elle n'est mise en application dans aucun de ces pays. Sur ce plan le HT a une particularité. La majorité des juristes musulmans actuels admet la règle de la progression, ce qui signifie que tout retour à la loi islamique, aussi souhaitable soit-il, doit se faire de façon progressive, par étape. Le HT, par contre, estime que cette application doit se fait intégralement et immédiatement[3]. C'est la raison pour laquelle le HT refuse de participer aux gouvernements islamiques actuellement en place, parce que cela signifierait l'acceptation de la non application intégrale de la loi islamique[4].

Le HT rejette à cet égard l'idée du *compromis* et du *juste milieu* qui serait, selon certains auteurs musulmans, une des caractéristiques de l'islam, en se basant sur des versets du Coran dont: "Ainsi avons-nous fait de vous une nation médiane pour que vous soyez témoins à l'encontre des humains, comme l'envoyé sera témoin à votre encontre" (2:143). Le HT estime que le *compromis* est une notion occidentale capitaliste née du conflit entre l'État et l'Église. Le verset en question doit à cet égard être compris dans le sens de "communauté de justes", et la justice consiste à appliquer les normes religieuses sans concession[5]. Le HT rejette aussi la notion négative de "fondamentalisme" donnée en Occident à ceux qui se rattachent aux écritures saintes. Pour les musulmans, le retour aux normes islamiques est une exigence.

---

[1] The Ummah's Charter, Al-Khilafah Publications, Londres, 1999, in http://www.islamic-state.org/books/TheUmmahsCharter.pdf, p. 18-19.

[2] The Methodology of Hizb ut-Tahrir for change, op. cit., p. 4-10.

[3] The Ummah's Charter, op. cit., p. 69-70. Voir aussi The Methodology of Hizb ut-Tahrir for change, op. cit., p. 31-32.

[4] The Methodology of Hizb ut-Tahrir for change, op. cit., p. 31.

[5] Dangerous concepts to attack Islam and consolidate the Western culture, Al-Khilafah Publications, Londres, 1999, in http://www.hizb-ut-tahrir.org/english/books/pdfs/dangerous_concepts.pdf, p. 28-32.

Lorsque l'Occident qualifie certains mouvements islamiques de fondamentalistes, il vise à empêcher le retour des musulmans à leur loi religieuse et au califat[1].

Le HT préconise l'application du droit musulman dans tous les domaines, y compris dans le domaine pénal, dont les normes sur l'apostasie (article 6 du projet constitutionnel). Dans une brochure, le HT soutient ouvertement le meurtre de ceux qui quittent l'islam, un crime vu comme "une trahison et une attaque contre le califat"[2].

2.2.2. Rétablissement du califat et unification du monde musulman

Le calife est un personnage central dans la pensée du HT. C'est lui qui "représente la Communauté islamique dans le pouvoir et l'exécution de la loi islamique" (article 29 du projet constitutionnel). C'est lui qui promulgue les lois (article 2 et 20), en conformité avec la loi islamique (article 41). Il demande l'avis du Conseil consultatif, mais cet avis n'est pas contraignant (article 28 al. 3). Son pouvoir est à durée illimitée (article 43). Le Calife ne peut être démis de ses fonctions que dans certaines conditions prévues par l'article 44. L'article 45 précise: "La Cour des plaintes est seule compétente pour décider s'il y a eu changement de situation excluant le Chef de l'État de sa fonction ou non. Elle est seule compétente pour le déposer ou le sommer".

Le régime du califat ne permet que les partis politiques à caractère islamique (article 19). Sur le plan législatif, la souveraineté appartient à la loi islamique (Dieu) et non pas au peuple (article 20.a), ce qui signifie que le peuple ne peut dicter des lois contraires à la loi islamique. Le régime dispose d'un organe de consultation (*shura*) dont seuls les musulmans peuvent faire partie (article 26). Ils sont les seuls à pouvoir élire le calife (articles 31 et 33). Pour être calife, il faut être musulman de sexe masculin (article 36). Ces conditions sont requises de ses collaborateurs (article 46), des chefs de provinces (article 62) et du juge suprême (article 71). La fonction de juge est réservée aussi aux musulmans (article 73).

Le HT explique que la nation islamique est l'unique au monde à avoir l'honneur d'être la "gardienne" de toute l'humanité, comme le dit le Coran: "Ainsi avons-nous fait de vous une nation médiane pour que vous soyez témoins à l'encontre des humains, comme l'envoyé sera témoin à votre encontre" (2:143). Pour pouvoir assumer cette tâche, il faut que les normes islamiques prévues par le Coran et la Sunnah soient appliquées. Et cela n'est possible que dans le cadre du régime du califat[3].

Un des sites du HT[4] mentionne en tête le nombre des jours passés depuis l'abolition du califat. Il produit des textes prouvant la nécessité de le rétablir. Il estime que le califat a été aboli sous la pression occidentale, rapportant à l'appui une citation du Ministre britannique des affaires étrangères en 1924:

> Nous devons mettre fin à tout ce qui conduit à l'unité islamique entre les fils des musulmans. Comme nous avons déjà réussi à finir avec le Califat, nous de-

---

[1] Ibid., p. 33-37.

[2] Khan Adnan: Islamic reformation: Exposing the Battle for Hearts and Minds, p. 62, in: http://khilafah.com/images/images/PDF/Books/ IslamicReformation.pdf.

[3] The responsibility of Muslim sisters in Britain, Al-Khilafah Publications, Londres, 1999, in http://www.islamic-state.org/books/Responsi bilityOfMuslimSistersInBritain.pdf, p. 7-8.

[4] http://www.islamic-state.org/.

vons nous assurer à ce que l'unité des musulmans ne s'éveillera jamais, qu'elle soit intellectuelle ou culturelle. Aujourd'hui la Turquie est morte et ne ressuscitera jamais, parce que nous avons détruit sa force morale, le Califat et l'islam[1].

2.2.3. Rejet du système démocratique et des droits de l'homme

Le HT est contre le système démocratique. Il le dit expressément et en explique les raisons dans une publication en arabe[2] et en anglais[3], rédigée par son émir Abdul-Qadeem Zalloom. Le premier paragraphe statue:

> La démocratie que l'Occident mécréant (*Kafir*) encourage dans les pays musulmans est un système de *Kufr*. Elle n'a aucun rapport avec l'islam. Elle contredit totalement les règles de l'islam[4].

Le HT expose, dans cet ouvrage, ainsi que dans d'autres[5], les raisons pour lesquelles la démocratie est contraire aux normes islamiques. Ces raisons peuvent être résumées dans les points suivants:

- Dans la démocratie, c'est la raison humaine qui décide ce qui est bien et ce qui est mauvais. Dans l'islam, cette décision revient à Dieu et elle est révélée par ce dernier à Mahomet[6].

- La démocratie part du principe de la séparation de l'État et de la religion, abolissant le rôle de cette dernière dans la vie et dans l'État. Elle accorde à l'homme le droit d'établir le système qui doit le régir. L'islam par contre croit qu'il faut soumettre toutes les affaires de la vie et de l'État aux ordres et aux interdictions fixées par Dieu[7]. Dans la démocratie, le peuple a le pouvoir législatif à la place de Dieu. L'adoption de la démocratie par un musulman viole les versets coraniques qui considèrent toute personne qui ne suit pas la loi de Dieu comme mécréante, injuste ou perverse (Coran 5:43, 44, 47). Les mécréants ou leurs agents qui gouvernent les pays islamiques et ceux qui prônent la démocratie, que ce soit des individus ou des mouvements, se rendent compte que la base de la démocratie est le rejet de la loi de Dieu. Ils parlent du pouvoir du peuple alors que le peuple est en fait gouverné par quelques capitalistes. Ils parlent de justice et de contrôle sur les dirigeants, chose théorique qui n'existe même pas aux États-Unis[8].

- La démocratie consacre des libertés qui sont contraires à la loi islamique. Il y a avant tout la liberté religieuse qui implique le droit de croire ou de ne pas

---

[1]   Khilafah is fard, Hizb ut-Tahrir, sans date ni pagination, in http://www. islamic-state.org/fard/.

[2]   Abdul-Qadeem Zalloom: Al-Dimuqratiyyah nidham kufr yuharrab akhdhuha aw tatbiquha aw al-da'wah laha, in: http://hizb-ut-tahrir.org/ arabic/download/book1/demkrty.pdf.

[3]   Abdul-Qadeem Zalloom: Democracy is a system of kufr: it is forbidden to adopt, implement or call for it, Al-Khilafah Publications, Londres, 1995, in http://www.islamic-state.org/books/DemocracySystemKufr. pdf.

[4]   Les écrits en anglais du HT recourent souvent à des termes arabes. Kafir (ou Kaafir) signifie mécréant; Kufr signifie mécréance.

[5]   Voir par exemple: The American campaign to suppress Islam, Al-Khilafah Publications, Londres, 1996, in http://www.islamic-state.org/ books/AmericanCampaignToSuppressIslam.pdf.

[6]   Zalloom: Democracy is a system of kufr, op. cit., p. 34.

[7]   Zalloom: Democracy is a system of kufr, op. cit., p. 35.

[8]   The American campaign to suppress Islam, op. cit., p. 15-17.

croire ainsi que le droit de changer de religion. Or, l'islam punit de mort tout musulman qui apostasie, en vertu de la parole de Mahomet: "Celui qui change sa religion tuez-le". Et s'il s'agit d'une apostasie collective, le groupe est combattu jusqu'à son retour à l'islam ou son extermination (*sic*). Il y a ensuite la liberté personnelle qui permet à la personne d'échapper à toute restriction, détruisant la famille et rendant la société occidentale animalière, abaissant le peuple à un niveau inférieur à celui de troupeaux d'animaux. En islam, cette liberté est restreinte par les ordres et les interdictions de Dieu. Toute violation de ses normes est punie. Ainsi les relations extra-matrimoniales et homosexuelles sont interdites, de même que la nudité et la consommation de l'alcool[1].

- La démocratie permet le multipartisme qui implique la création de partis qui prônent la mécréance ou la séparation de la religion de l'État, ou ayant une idéologie nationaliste. Or, l'islam ne permet le multipartisme que dans le cadre de la loi islamique[2].

Le HT estime que la démocratie fait partie du complot occidental contre les musulmans pour les éloigner de leur foi et les dominer[3]. Dans la même logique, le HT est contre la conception des droits de l'homme qui consacre les libertés susmentionnées. Le HT dit que beaucoup de musulmans sont attirés par ce slogan à cause de l'oppression, de la torture et de la persécution infligées par leurs dirigeants. L'Occident demande aux musulmans d'accepter ces droits, dans le but de supprimer l'islam. Celui qui prône les droits de l'homme va contre l'islam[4].

2.2.4. Droits des musulmans d'autres tendances

Comme nous l'avons vu plus haut, le HT croit que tout musulman doit appliquer la loi islamique comme faisant partie de sa foi. Il se propose d'enseigner ce projet de société à la communauté islamique. Ceux qui s'y opposent, qu'ils soient des dirigeants, des intellectuels libéraux ou des laïcs en faveur de la séparation de l'État et de la religion sont considérés des apostats, des agents de l'Occident et des ennemis de l'islam. Rappelons ici la position du HT selon laquelle l'apostasie est punie de mort. Par apostasie on entend non seulement le changement de l'islam pour une autre religion, mais aussi la négation de toute norme considérée comme essentielle dans la loi islamique. Ainsi celui qui nie l'obligation d'appliquer la loi islamique, de rétablir le califat, voire de s'abstenir de consommer de l'alcool est considéré comme apostat.

En raison de cette position stricte, le HT a des difficultés à œuvrer conjointement avec les autres organisations islamiques qui veulent l'islamisation de la société à leur manière. Cette position lui vaut d'être rejeté tant par les régimes islamiques, que par différents groupes musulmans[5].

---

[1] Zalloom: Democracy is a system of kufr, op. cit., p. 44-48; The American campaign to suppress Islam, op. cit., p. 24-32.

[2] The American campaign to suppress Islam, op. cit., p. 18-19.

[3] Zalloom: Democracy is a system of kufr, op. cit., p. 17-18.

[4] The American campaign to suppress Islam, op. cit., p. 32.

[5] Voir par exemple les sites suivants: http://www.allaah uakbar.net/jamaat-e-islaami/hizb/reality_of_hizb_ut_tahrir.htm; http:// www.htexposed.com/htexpose.doc;

Comme nous l'avons dit, la communauté islamique est divisée en deux principaux groupes: les sunnites et les chiites, souvent en conflits entre eux et se rejetant mutuellement, malgré une tendance de rapprochement entre les deux. En principe, le HT ne serait pas opposé à ce qu'un chi'ite y adhère[1]. Mais selon les dires d'un responsable du HT d'Asie centrale, tels que rapportés par *Asia Times* du 25 novembre 2003, l'État tel que préconisé par le HT ne permettra pas la présence des chi'ites sur son territoire[2].

2.2.5. Droits de la femme

Le projet constitutionnel dit que les femmes ont pour fonction principale d'être mères et maîtresses de maison. Elles doivent être séparées des hommes sauf dans les domaines impliquant un "besoin admis par la loi islamique comme la vente, ou lorsque cette loi permet la rencontre pour la réalisation d'un besoin comme le pèlerinage" (article 101).

Les femmes ne peuvent occuper les fonctions réservées par la loi islamique aux seuls hommes. C'est notamment le cas des fonctions impliquant l'exercice d'un pouvoir (articles 100-107). L'article 104 dit que la femme "ne peut exercer le pouvoir. Elle ne peut être ni Chef de l'État, ni juge de la Cour des plaintes, ni gouverneur, ni préfet. Elle ne peut entreprendre un acte quelconque comportant un pouvoir". L'article 17 précise: "Ne peut exercer le pouvoir ou toute autre fonction considérée comme pouvoir qu'un homme, libre, équitable". Le commentaire explique que l'interdiction d'octroyer une fonction impliquant un pouvoir à une femme se base sur un récit de Mahomet qui dit: "Une nation qui confie ses affaires à une femme ne peut connaître le succès"[3]. À part ces restrictions, la femme peut pratiquement tout faire. L'article 102 dit:

> Il sera donné à la femme les mêmes droits et les mêmes devoirs que l'homme, sauf ceux que l'islam, dans les sources de la loi islamique, réserve spécifiquement pour la femme ou pour l'homme. La femme a le droit de pratiquer le commerce, l'agriculture et l'industrie, de conclure des contrats, de faire des transactions, d'accéder à toute forme de propriété et d'accroître ses biens elle-même ou par l'intermédiaire d'un autre, et d'entreprendre elle-même toutes les activités de la vie.

L'article 103 ajoute:

> La femme peut être nommée dans les fonctions étatiques et dans les fonctions judiciaires à l'exception de la Cour des plaintes; elle peut élire les membres du

http://www.freemuslims.org/news /article.php?article=152;
http://www.sunna.info/wahabies/hizbultahrir. htm.

[1] Seyyed Talib Rifa'i, un chi'ite ami de l'Imam Sadr, aurait été membre de ce parti (T. M. Aziz: Baqir as-Sadr's Quest for the Marja'iyya, in http://www.geocities.com/Athens/Cyprus/8613/marj.html).

[2] Peaceful jihad, Asia Times online, 25 novembre 2003, in http:// atimes01.atimes.com/atimes/Central_Asia/EK25Ag01.html.

[3] Muqaddimat al-dustur aw al-asbab al-muwjibah lah, s. éd., Hizb ut-Tahrir, [Jérusalem?], 1963, p. 258.

Conseil consultatif et y être élue, participer à l'élection du Chef de l'État et lui prêter le serment d'allégeance.

2.2.6. Droits des non-musulmans dans Dar al-islam

Le HT adopte la conception islamique classique relative à la division de la société à l'intérieur de *Dar al-islam*. Selon cette conception, les Gens sont soit musulmans, soit non-musulmans. Les non-musulmans sont repartis entre *Gens du livre* et *Gens sans livre*. Vient ensuite la catégorie des apostats: ceux qui abandonnent l'islam.

L'article 6 du projet constitutionnel dit que la loi islamique s'applique à tous les citoyens de *Dar al-islam*, quelle que soit leur religion. Toutefois, les *Gens du livre* sont soumis à leurs propres lois en matière de droit de la famille et dans les domaines des aliments et de l'habillement. Quant aux apostats, ils sont punis de mort. Le projet constitutionnel ne parle pas des *Gens sans livre*, mais selon la conception islamique classique, ces derniers n'ont pas le droit de vivre dans *Dar al-islam* et doivent se convertir à l'islam ou subir la guerre jusqu'à leur extermination.

L'article 5 du projet constitutionnel dit:

> L'État ne peut discriminer un de ses ressortissants sur le plan du pouvoir, de la juridiction, de la gestion des affaires ou sur d'autres plans similaires. Bien au contraire, il doit traiter tous les citoyens d'une manière égale indépendamment de la race, de la religion, de la couleur ou de tout autre critère.

Toutefois, le projet constitutionnel prévoit des discriminations explicites ou implicites à l'égard des *Gens du livre*. L'article 17 dit: "Ne peut exercer le pouvoir ou toute autre fonction considérée comme pouvoir qu'un homme, libre, équitable. Il ne peut être que musulman". Seuls les musulmans peuvent faire partie du conseil de consultation (*shura*) (article 26), élire le calife (articles 31 et 33) ou être candidat pour le califat. Les non-musulmans ne peuvent pas être nommés comme collaborateurs du calife (article 46), des chefs de provinces (article 62) ou occuper la fonction de juge (article 71 et 73). D'autre part, les *Gens du livre* doivent payer la *jizyah*, le tribut des vaincus (article 132).

En tant que régime appliquant la loi islamique dans son intégralité, il ne permet pas à un non-musulman d'épouser une musulmane, alors que le musulman peut épouser une non-musulmane qui appartient aux *Gens du livre*. En matière de liberté religieuse, tout non-musulman est encouragé de devenir musulman; mais, comme signalé plus haut, il est interdit aux musulmans d'abandonner l'islam, sous peine de mort. Ceci signifie que les non-musulmans ne peuvent pas faire du prosélytisme comme le font les musulmans. La liberté religieuse ne joue donc dans le modèle d'État du HT que dans un sens unique, à savoir la liberté de se convertir à l'islam.

2.3. Moyens préconisés par le HT sur le plan interne

Le HT n'hésite pas à qualifier les régimes islamiques de mécréants, et leur pays de Terre de mécréance (*dar kufr*) parce qu'ils n'appliquent pas intégralement la loi islamique[1]. Il prône ouvertement le remplacement de ces régimes par un régime

---

[1]   The Methodology of Hizb ut-Tahrir for change, op. cit., p. 4-10.

unitaire gouverné par un calife qui reprendra le *jihad* afin soumettre l'ensemble du monde au pouvoir islamique et y répandre l'islam.

Le HT estime qu'il faut commencer par les pays arabes. Sa méthode est définie dans un ouvrage en arabe[1] et en anglais. Cette méthode consiste à agir en trois étapes:

1) L'étape de répandre la culture; cela implique la découverte et la préparation culturelle d'individus qui sont convaincus par la pensée et la méthode du parti.

2) L'étape d'interaction avec l'Ummah (nation) pour encourager l'Ummah à travailler pour l'islam et à porter la *Da'wah* (appel à l'islam), afin d'établir l'islam dans la vie, l'État et la société.

3) L'étape de la prise du pouvoir pour rendre l'islam effectif complètement et totalement et porter son message au monde[2].

Ces trois étapes sont reprises dans la présentation du HT sur son site officiel. Elles correspondent aux étapes de la mission de Mahomet. Celui-ci a commencé par recruter des membres. Il n'est passé à des actions matérielles qu'après son départ vers la Médine. Face au refus de la nation islamique de suivre l'appel du HT et face à l'oppression dont sont victimes les membres du HT, celui-ci dit, qu'à l'instar de Mahomet, il a commencé à demander le soutien de personnes et de groupes influents afin de se protéger et continuer sa mission et d'atteindre les dirigeants en vue de l'établissement du califat et de la loi de Dieu dans la vie, l'État et la société. Cette volonté de fomenter des coups d'États est encore plus explicite dans un autre document, prenant comme modèle Mahomet qui a pu accéder au pouvoir avec le soutien des tribus[3].

Le HT précise dans ses documents qu'il ne recourt pas à la force pour se défendre ou comme arme contre les dirigeants, tout en faisant une nuance entre cette attitude et sa position en ce qui concerne le *jihad*[4]. Mais différentes sources indiquent que le HT a été impliqué dans des vaines tentatives de coups d'État en Jordanie et en Irak, donnant lieu à des arrestations dans les rangs de leurs membres. Il est aussi accusé d'avoir perpétré l'attaque contre l'académie militaire égyptienne en 1974, interprété par le gouvernement comme une préparation à un coup d'État. À la suite de ce coup d'État, le HT a été interdit en Égypte[5]. Ces faits ne sont pas niés par les

---

[1]   Texte arabe dans http://hizb-ut-tahrir.org/arabic/kotob/kotob.htm.

[2]   The Methodology of Hizb ut-Tahrir for change, op. cit., p. 32.

[3]   The method to re-establish the Islamic State (Khilafah), sans date, sans lieu et sans pagination, in http://www.islamic-state.org/method/, p. 105-106.

[4]   Voir la présentation dans http://www.hizb-ut-tahrir.org/english /english.html.

[5]   Taji-Farouki: A fundamental quest, op. cit., p. 27-28 et 167; Shereen Khairallah: The Islamic liberation party: search for a lost ideal, in CEMAM Reports, St Joseph's University, vol. 2, vision and revision in Arab Society, Beyrouth, Dar al-Mashreq, 1974, p. 87-95; Ihsan Samarah: Mafhum al-'adalah al-ijtima'iyyah fil-fikr al-islami al-mu'asir, Jérusalem, Matba'at al-riasalah, 1987, p. 148; Wilhelm Dietl: Holy war, New York, Macmillan, 1984, p. 74. Sur l'attaque et l'interdiction du HT en Egypte, voir Al-Munadhammah al-masriyyah li-huquq al-insan, Al-taqrir al-sanawi, 2003, in http://www.eohr.org/ar/annual/re9.htm. Dans le rapport de la conference organisée par Nixon Center, on lit: "Credible reports indicate that HT members have been involved in coup attempts in Jordan, Syria, Egypt, Tunisia and Iraq" (The challenge of Hizb ut-Tahrir, op. cit., p. XIII; voir

représentants du HT[1]. L'éditorial de sa revue *Khilafah*, du mois d'avril 2003[2], appelle d'ailleurs ouvertement au renversement des régimes islamiques:

> Le temps est venu pour un changement. Le temps est venu pour écarter les souverains qui persécutent le monde musulman, directement à travers les masses ou à travers les éléments les plus forts. Les gens sont prêts, les souverains ont échoué. Ce qui reste est qu'un général en Syrie, en Égypte, au Pakistan ou en Turquie se sente suffisamment agité et prenne le téléphone.

Dans les États islamiques d'Asie centrale, les autorités procèdent souvent à l'arrestation massive des membres du HT et les maltraitent. Certains sont morts sous la torture[3]. Ces États les accusent de menacer l'ordre constitutionnel et leur stabilité, et de recourir à des actes terroristes. Mais le HT rejette ces accusations. Dans un communiqué du 7 août 2004[4] relatif aux attentats suicides ayant eu lieu à Tachkent, le HT dit:

> Le HT est un parti politique qui suit l'idéologie de l'islam. C'est un fait connu que le HT n'a pas recours à la violence et limite sa lutte aux moyens intellectuels et pacifiques. La raison pourquoi le HT suit seulement les méthodes pacifiques est qu'il a étudié avec soin le chemin du Prophète d'Allah et a trouvé que le chemin pacifique est le seul chemin acceptable

Mais ce communiqué ne cache pas son aversion à l'égard du régime de Karimov en place:

> [...] nous préparons une mort terrible pour ce tyran sous le Califat qui se rapproche tous les jours, avec l'autorisation d'Allah. Alors ce tyran aura sa punition dans cette vie. La punition d'Allah dans l'au-delà sera encore plus forte.

Les affirmations ambiguës du HT concernant le recours à la violence donnent lieu à des appréciations contradictoires dans les différents rapports et articles le concernant. Certains estiment que le HT reste un mouvement non-violent. Ils essaient de disculper le HT de certains actes de violences en les attribuant à des groupes dissidents, voire à des membres isolés agissant en leur propre nom. Ils ne cachent cependant pas le danger d'une radicalisation du HT ou de fractionnement en groupuscules violents en raison de la répression dont il fait l'objet et des interventions américaines dans les pays islamiques[5]. D'autres, par contre, estiment que le HT véhi-

---

aussi p. 22-23).

[1] Radical Islam in Central Asia: responding to Hizb ut-Tahrir, International crisis group, ICG Asia Report N°58, Osh/Brussels, 30 June 2003, in http://www.crisisgroup.org/library/documents/report_archive/A4010 32_30062003.pdf, p. 9). Une brochure du HT fait mention de deux coups d'État en Jordanie (Uslub li-kasb al-ummah wa-akhdh qiyadatiha, Hizb ut-Tahrir, 14 décembre 1980, p. 3).

[2] www.khilafah.com.

[3] Voir: Amnesty international, Rapport 2004. Ouzbékistan. http://web.amnesty.org/report2004/uzb-summary-fra; Radical Islam in Central Asia: responding to Hizb ut-Tahrir, op. cit.; Kyrgyz Police Arrest Alleged Hizb Ut-Tahrir Leader, 17 février 2005, in http://eng. gateway.kg/cgi-bin/page.pl?id=28&story_name=doc7048.shtml.

[4] Hizb-ut-Tahrir Explains its Position on Tashkent Bombings, 7 août 2004, in http://www.khilafah.com/home/category.php?DocumentID= 9912&TagID=2.

[5] Hizb ut-Tahrir, in Dictionary.LaborTalk.com, in http://encyclopedia. laborlawtalk.com/Hizb_ut-

cule une idéologie qui pousse à la violence. Ils cherchent à trouver des liens entre le HT et d'autres mouvements violents comme Al-Mouhajiroun, voire Al-Qa'idah. Ils estiment qu'un certain nombre de terroristes étaient à un moment ou à un autre des membres du HT[1].

3. Le HT et l'Occident

3.1. Le HT considère l'Occident comme Dar harb

Selon la conception islamique classique, telle que prônée par le HT, les pays occidentaux appartiennent à la zone de *Dar al-harb* (Terre de la guerre), appelée aussi *Dar al-kufr* (Terre de la mécréance). Il existe cependant une classification à l'intérieur de cette catégorie. Mais tous ces pays doivent être soumis au pouvoir islamique, volontairement ou par force. La confrontation entre l'islam est considérée comme inévitable par le HT. Ce sont les trois points que nous développons ici.

3.1.1. Classification à l'intérieur de *Dar al-harb*

Les écrits du HT classent les pays qui font partie de *Dar al-harb*, en deux principales catégories:

- Les pays mécréants considérés *de jure dar harb* (Terre de guerre): Il est permis d'avoir avec ces pays des traités de bon voisinage, des traités économiques, scientifiques, agricoles ou autres, mais ces traités doivent être à terme tenant compte de l'intérêt du *jihad*, des musulmans et de l'État du califat. Ces traités ne doivent pas servir à renforcer les pays en question. Les pays coloniaux comme l'Amérique, la Grande-Bretagne, la France et les autres pays qui ont des visées sur les pays islamiques comme la Russie ne peuvent pas avoir d'ambassades dans l'État du califat. Les ressortissants des pays avec lesquels il y a des traités ou pas de traités peuvent entrer dans le pays islamique avec un permis.

- Les pays en guerre effective: Il est permis d'avoir des traités d'armistice avec ces pays à condition qu'ils soient à durée limitée, parce qu'un traité d'armistice permanente paralyse le *jihad*. Si un pays occupe la moindre parcelle d'une terre islamique, comme c'est le cas d'Israël, il est interdit de faire un traité de paix avec lui parce qu'il s'agit d'un pays agresseur et hostile. L'islam oblige tous les musulmans de le combattre, de l'éliminer et d'en préserver les pays islamiques. Les ressortissants de ces pays ne peuvent pas entrer dans les pays islamiques; on peut les tuer et prendre leurs biens s'ils ne sont pas musulmans.

Le HT interdit de nombreux rapports entre les pays musulmans et les pays mécréants pour éviter leur domination. Parmi ces rapports interdits, on mentionnera

---

Tahrir; Allisher Khamidov: Hizb-ut-Tahrir faces internat split in Central Asia, Eurasia Insight, 21 octobre 2003, in http://www.eurasianet.org/departments/insight/articles/eav202103.shtml; Jean-François Mayer: Hizb ut-Tahrir: the next al-Qaida, really? PSIO Occasional paper 4/2004, in: http://hei.unige.ch/psio/fichiers/Meyer %20Al%20Qaida.pdf, p. 10 et 24.

[1] C'est notamment la position d'Ariel Cohen de l'Heritage foundation: Cohen, Ariel: Hizb: an emerging threat to U.S. Interests in Central Asia, 30 mai 2003, in: http://www.heritage.org/Research/Russiaand Eurasia/BG1656.cfm. Sur les supposés liens entre le HT et les autres mouvements extrémistes, voir: The challenge of Hizb ut-Tahrir, op. cit., p. 124-126.

les traités militaires, l'accès militaire aux ports ou aux aéroports, le recours à des armées mécréantes, les prêts à intérêts, l'adhésion aux Nations Unies et à la banque internationale. Il interdit aussi l'adhésion à des organisations régionales comme la Ligue arabe, l'Organisation de la conférence islamique ou les alliances de défense commune parce que cela consacre la division des pays islamiques[1]. Ces questions sont réglées par les articles 177 à 182 du projet constitutionnel.

3.1.2. Conquête des pays occidentaux par l'État islamique

Selon la loi islamique classique, l'islam doit s'étendre à l'ensemble du monde. C'est l'objectif du *jihad*, traduit par guerre sainte, et qui est une guerre au nom de la religion et pour la religion. Aujourd'hui des musulmans essaient de réviser le concept du *jihad*. Ainsi ils distinguent entre:

- le grand *jihad*, qui consiste à lutter contre les mauvais penchants, et

- le petit *jihad*, terme qui couvre le combat militaire.

Certains auteurs musulmans affirment aussi que le *jihad* n'est qu'une guerre défensive, visant à repousser l'agression externe. Ils estiment que l'islam ne permet pas le *jihad* offensif à but expansif.

Le HT rejette catégoriquement cette manière édulcorée de présenter le *jihad*. Certes, le *jihad* défensif peut et doit être mené contre un ennemi qui attaque un pays islamique. Mais en outre, affirme le HT, le *jihad* offensif peut et doit être entrepris en vue d'étendre le pouvoir de l'État islamique sur les pays mécréants afin d'amener les gens à se convertir à l'islam en voyant la justice du pouvoir islamique. Cette guerre offensive est largement exposée dans de nombreux écrits de ce parti, sans aucun détour, comme une action philanthropique, pour le bien de l'humanité, sur un ton paternaliste.

L'article 90 du projet constitutionnel qualifie le *jihad* de devoir, et prescrit l'entraînement à l'armée à chaque musulman âgé de 15 ans. L'article 10 stipule que l'appel à l'islam est la tâche principale de l'État (article 10). Parlant du *jihad*, le commentaire de l'article 10 cite deux récits de Mahomet:

> J'ai reçu l'ordre de combattre les gens jusqu'à ce qu'ils disent: "Point de divinité autre que Dieu et Mahomet est son messager" [formule par laquelle une personne devient musulmane]. S'ils le disent, leur sang et leurs biens sont saufs à moins d'une raison légitime.

> Le *jihad* se poursuit depuis que Dieu m'a envoyé, et ce jusqu'à ce que le dernier de ma nation combatte l'imposteur (*dajjal*); le *jihad* ne sera invalidé ni par l'injustice de l'injuste ni par la justice du juste[2].

Le commentaire du projet constitutionnel précise qu'il faut commencer par appeler les mécréants à la foi musulmane. Ce n'est que lorsqu'ils refusent d'y adhérer, qu'il faut les combattre[3]. Il ajoute que les traités de neutralité absolue sont interdits parce qu'ils réduisent le pouvoir des musulmans. Il en est de même des traités de délimi-

---

[1] Hizb al-tahrir: Muqaddimat al-dustur, op. cit., p. 30-31.
[2] Ibid., p. 44.
[3] Ibid., p. 435.

tation permanente des frontières parce qu'ils signifieraient la non transmission de la foi musulmane et l'arrêt du *jihad*[1]. En raison de son caractère religieux, les non-musulmans vivant dans les pays islamiques ne sont pas appelés à accomplir le devoir du *jihad*. Et s'ils y sont employés, c'est à titre de salariés[2].

Ces idées sont développées dans un livre publié par le HT en anglais. Ce livre dit que le *jihad* est le moyen par lequel l'appel à l'islam a été acheminé à l'ensemble de l'humanité, permettant ainsi à la Nation islamique de parvenir à un niveau élevé durant 13 siècles. La renonciation au *Jihad* est une violation d'un commandement divin, rendant la vie sans objectif et réduisant l'influence de la Nation islamique dans ses propres affaires et les affaires du monde[3]. Il ajoute que les Occidentaux ont mené les musulmans à changer leur manière de concevoir l'appel à l'islam: il fallait cesser de recourir au *Jihad* et se contenter de la prédication, estimant que le temps du *jihad* est désormais révolu[4]. Il cite le Président Moubarak qui, parlant du massacre des musulmans par Israël, dit au président yéménite en décembre 2000 que la guerre est une chose ancienne et révolue. Par de tels propos, les dirigeants musulmans créent la confusion dans l'esprit des musulmans et les affaiblissent[5].

L'ouvrage affirme que la norme prescrivant le *jihad* persistera tant qu'il existe dans le monde des mécréants qui refusent de se soumettre au pouvoir islamique et jusqu'à la domination sur l'ensemble des pays du monde. Le *jihad* n'est donc pas simplement une guerre défensive. Il doit avoir lieu, à l'initiative des musulmans, même s'ils ne sont pas attaqués. Ceci implique l'annexion continuelle de nouveaux territoires, même si leur population ne devient pas musulmane[6]. On ne forcera pas les gens à devenir musulmans, mais ils seront obligés de se soumettre au pouvoir islamique et de payer le tribut. En contrepartie, les musulmans devront leur assurer la protection et la sécurité[7].

L'ouvrage ajoute que les Occidentaux condamnent le *jihad* et considèrent les musulmans comme fomenteurs de guerres et des fondamentalistes, mais quand il s'agit des guerres des occidentaux, la définition change "magiquement" alors qu'ils usent d'atrocité contre l'ensemble de l'humanité. Les occidentaux ont entrepris de nombreuses guerres dans le monde, ce qui prouve l'hypocrisie de leur accusation contre le *jihad*. Certes, chaque pays recourt à la guerre pour réaliser ses objectifs. Ce n'est pas la guerre qui est à mettre en cause, mais bel et bien les objectifs qui sont derrières ces guerres[8].

---

[1] Ibid., p. 452-453.
[2] Ibid., p. 235-237.
[3] Zahid-Ivan Salam: Jihad and the Foreign Policy of the Khilafah State, Khilafah publications, Londres, 2001, in http://www.islamic-state.org /books/Jihad.pdf, p. 7.
[4] Ibid., p. 30-31.
[5] Ibid., p. 31-32.
[6] Ibid., p. 56-59.
[7] Ibid., p. 61.
[8] Ibid., p.. 78-84. On retrouve ces éléments dans d'autres ouvrages du HT: Political Thoughts, Khilafah publications, Londres, sans date, in http://www.islamic-state.org/books/PoliticalThoughts.pdf, p. 17-18; The Ummah's Charter, op. cit., p. 86; The Inevitability of the Clash of Civilisation, Al-Khilafah publications, Londres, 2002, in http://www.islamicstate.org/books/InevitabilityOfTheClashOfCivilisations.pdf, p. 57-60, etc.

3.1.3. Inévitabilité de la confrontation entre l'islam et l'Occident

Le HT estime que la confrontation entre l'islam et l'Occident est inévitable. C'est le titre qu'il donne à un de ses livres en arabe et en anglais. Dans ce livre, le HT commence par rejeter la conception du dialogue religieux qui, selon lui, repose sur les principes suivants:

1) Égalité et équivalence entre les religions et les civilisations, et non-préférence entre une religion et une autre ou une civilisation et une autre.

2) Accepter l'autre tel qu'il est et le découvrir sans prononcer des jugements contre lui, mais comprendre plutôt et reconnaître ses vues sans restriction ou condition.

3) Le but du dialogue entre les civilisations est l'interaction pour créer une civilisation supérieure alternative en recherchant ce qui est commun et humain; une manière qui mène au progrès et à la prospérité de la civilisation, et à étendre la paix. L'objectif de dialogue entre les religions est d'empêcher l'islam d'entrer dans l'arène de la lutte[1].

Ces principes contredisent l'islam et constituent un danger pour l'islam. Dire qu'il existe une égalité entre les religions est une mécréance, car cela signifie qu'il existe une égalité entre la vérité et l'erreur, entre la mécréance et la foi, entre la religion qui abroge et celle qui est abrogée. Ceci est contredit par des versets coraniques dont 21:18; 10:32; 4:60[2]. Il n'existe pas de points communs entre les civilisations. Il y a d'un côté la vérité et de l'autre l'erreur[3], et il y a toujours eu un combat entre l'islam et la mécréance sur le plan intellectuel et militaire[4]. Les Occidentaux eux-mêmes le disent et agissent dans ce sens. Ainsi, Berlusconi et les autres dirigeants occidentaux parlent de leur civilisation comme supérieure à celle des autres et affirment que le conflit entre les civilisations est inévitable[5]. Certains dirigeants occidentaux qualifient l'islam de religion de tolérance et de paix, et disent que leur combat est contre l'extrémisme. Mais ceci ne les empêche pas de considérer les musulmans comme ennemis, de mener des guerres contre eux, et de soutenir Israël. Il ne faut donc pas se laisser leurrer par ces déclarations sur l'islam pacifique[6].

Le combat entre les mécréants occidentaux et l'islam a lieu sur le plan intellectuel. Ce combat, commencé depuis Mahomet, continue de nos jours, et ne va jamais cesser. Ceci est manifeste du côté des occidentaux dans leur domination sur les médias, l'éducation, les universités, la création de partis politiques adoptant la civilisation occidentale, l'octroi de bourses à des gens qui deviendront leurs agents et leurs espions[7].

Le combat est aussi économique. L'Occident mène un combat pour dominer le monde et mettre la main sur les matières premières; il nomme des dirigeants qui

---

[1] Ibid., p. 16.
[2] Ibid., p. 17-27.
[3] Ibid., p. 27-28.
[4] Ibid., p. 34.
[5] Ibid., p. 36-37.
[6] Ibid., p. 37-39.
[7] Ibid., p. 40.

peuvent servir d'agents pour eux, et placent leurs forces militaires dans différentes régions pour assurer cette domination.

Le combat est aussi politique. Il s'est manifesté du côté occidental par la destruction du califat en 1924, la création d'Israël, la division des pays islamiques sous prétexte d'indépendance, la lutte contre les mouvements qui sont pour le changement en les appelant des extrémistes, la création des Nations Unies et du Conseil de sécurité pour légitimer leurs interventions dans les affaires des pays faibles.

Il y a enfin le combat militaire entrepris par les pays mécréants contre les musulmans et l'occupation de leurs pays. Le HT cite Nixon qui disait qu'un monde sans conflit est une illusion. Les USA s'opposent à ce que les pays sous-développés obtiennent des armes nucléaires. Kissinger disait que les options militaires peuvent donner lieu à des manifestations et de nouvelles vagues de terrorisme, mais ces options sont inévitables en raison des conséquences qui peuvent résulter de leur non-utilisation[1].

Malgré les preuves qui confirment l'existence de confrontation, certains musulmans, dit le HT, parlent encore de dialogue, notamment avec les chrétiens, oubliant qu'en fait la mécréance est une seule religion. Il n'y donc pas lieu de distinguer entre chrétiens et non-chrétiens. Les *Gens du livre* sont des mécréants comme les autres et il n'est pas possible d'avoir des compromis avec eux. Il faut au contraire leur démontrer que leur religion est fausse, et les inviter à devenir musulmans. Ceux qui entrent en dialogue avec les juifs et les chrétiens sont des agents sur le plan intellectuel. Les musulmans ont le devoir de combattre les mécréants, y compris par une guerre offensive, jusqu'à ce qu'ils deviennent musulmans ou qu'ils paient le tribut. Le HT rejette à cet égard le recours au verset 60:8: "Dieu ne vous interdit pas d'être bons et équitables envers ceux qui ne vous ont pas combattus dans la religion et ne vous ont pas fait sortir de vos demeures. Dieu aime les équitables". Ce verset ne s'applique pas à ceux qui ont combattu les musulmans en Palestine, les ont expulsés ou ont contribué à leur expulsion, ou à ceux qui combattent les musulmans en Afghanistan ou en Irak[2]

Le HT estime qu'après la chute du bloc soviétique, il n'existe aujourd'hui que deux idéologies dans le monde: le capitalisme dirigé par l'USA et l'islam. Les musulmans sont les seuls à s'opposer au capitalisme dans le monde. L'Occident mécréant, dominé par l'USA, a peur de l'éveil de la nation islamique et le rétablissement du califat qui apportera de nouveau l'islam au monde et sauvera le monde de la loi de la jungle. Il a peur parce qu'il sait que l'islam a transformé des tribus en une nation civilisée dominant le monde en peu de temps et pour de nombreux siècles. Il a peur pour ses intérêts[3].

---

[1]   Ibid., p. 40-50.
[2]   Ibid., p. 50-55.
[3]   The American campaign to suppress Islam, op. cit., p. 8-10.

3.2. Attitude du HT à l'égard des musulmans en Occident

L'attitude du HT à l'égard des musulmans qui vivent en Occident se caractérise par le refus de leur intégration et le refus de leur participation à la vie politique. C'est ce que nous allons développer dans les deux points suivants.

3.2.1. Non-intégration des musulmans

Reprenant la conception classique sur l'immigration[1], le HT estime que tout musulman qui habite en terre de mécréance ou de guerre doit émigrer vers la terre de l'islam pour que la loi islamique lui soit appliquée[2]. Ceux qui continuent à vivre dans les pays occidentaux ne doivent pas se laisser intégrer par ces pays ou oublier leur but qui est celui d'unifier les pays islamiques sous la bannière du califat.

Le HT explique que l'Occident cherche à intégrer les musulmans dans le but de maintenir son hégémonie sur les pays islamiques et le reste du monde[3]. Donnant l'exemple de la Grande-Bretagne, il dit que le but des Britanniques envers les musulmans est

> de produire un musulman hybride qui est satisfait de pouvoir faire des actes individuels tels que prier, jeûner, manger de la viande halal, célébrer l'Eid, apprendre le Coran, faire l'aumône, mais en même temps satisfait d'habiter en Grande-Bretagne, et faire référence dans tous nos problèmes politiques, économiques et sociétaires aux solutions artificielles britanniques. De plus, ils visent à détacher les musulmans qui habitent en Grande-Bretagne du reste de l'Ummah[4]

La Grande-Bretagne, selon le HT, veut que les musulmans soient fiers de pouvoir se conformer aux valeurs occidentales et de faire partie de la société britannique. Ceci aura pour résultat de faire oublier aux musulmans leur rôle de témoins pour le monde et leur devoir vital d'œuvrer pour le retour du pouvoir d'Allah dans le monde[5]. En procurant aux musulmans le sentiment qu'ils sont britanniques et en s'assurant que leur loyauté va pour l'Occident et non pas pour les pays islamiques, la Grande-Bretagne souhaite la rupture du lien entre les musulmans et leurs frères et sœurs musulmans dans le monde[6]. Ainsi les musulmans s'intéresseront aux affaires internes de la Grande-Bretagne, au lieu de celles de la nation islamique, devenant indifférents aux souffrances des musulmans[7]. Cette politique britannique a pour conséquence de créer une barrière entre les musulmans et retarder leur unité en un seul État, l'émergence d'un tel État islamique étant considérée comme la plus grande menace au maintien de la domination occidentale sur les pays islamiques[8].

---

[1] Sur la conception de l'immigration, voir Sami A. Aldeeb Abu-Sahlieh: Les musulmans face aux droits de l'homme, op. cit., 1994, p. 28-54.
[2] The Ummah's Charter, op. cit., p. 82.
[3] The responsibility of Muslim sisters in Britain, p. 13.
[4] Ibid., p.12.
[5] Ibid., p.13.
[6] Ibid., p.13.
[7] Ibid., p.14.
[8] Ibid., p.14.

Le HT cite contre une telle intégration la parole du Calife Umar: "Ne prenez pas les *Gens du livre* comme conseillers et ne les approchez pas dans vos affaires parce que Dieu les a maudits et les a humiliés en raison de la haine et la rage qu'ils ont contre votre religion"[1].

Le HT énumère les moyens utilisés par les occidentaux pour intégrer les musulmans et empêcher leur unité: le confort, le travail, les avantages gouvernementaux, la construction des mosquées et l'établissement de tribunaux jugeant certaines affaires selon le Coran comme le mariage et le divorce. Ces faits correspondent à ce que dit le Coran: "Ceux qui ont mécru dépensent leurs fortunes pour rebuter [les autres] de la voie de Dieu" (8:36). Mais cela ne doit pas détourner les musulmans de leurs devoirs prescrits par le Coran[2]. Le vrai bonheur pour le musulman consiste à accomplir ses devoirs, y compris l'appel pour le rétablissement du califat. Le musulman doit rejeter les méthodes occidentales visant à le séduire[3].

Les Occidentaux, dit le HT, utilisent aussi des moyens temporels pour détourner les musulmans, comme la carrière, etc. Mais les musulmans ne se laissent pas avoir parce qu'ils n'ont pas la mentalité des mécréants qui ne cherchent que le succès et le plaisir de la vie[4]. Dans le même but, les Occidentaux créent un environnement de peur autour des musulmans: la peur d'être qualifiés de fondamentalistes, d'extrémistes et de terroristes, la peur d'être traités avec hostilité et rejetés par la société, la peur de perdre les avantages donnés par l'Occident comme la maison, l'école, les mosquées, les soins médicaux; la peur de voir les enfants renvoyés de l'école et de l'université; la peur de perdre le travail, ou d'être arrêtés ou renvoyés dans le pays d'origine[5].

Le HT dit que tout musulman, qu'il soit homme ou femme, où qu'il soit, doit œuvrer pour le rétablissement du califat. Tout musulman fait partie de la nation islamique. Ceux qui se trouvent en Occident ont encore un devoir plus grand parce qu'ils ne sont pas exposés aux persécutions des dirigeants musulmans[6]. Pour cela, le musulman doit se renseigner et propager l'information selon laquelle les régimes et les dirigeants dans les pays islamiques sont illégitimes parce qu'ils ne gouvernent pas par l'islam[7]. Il faut apporter l'appel au califat à des amis et des parentés à l'intérieur et à l'extérieur et rejoindre un parti comme le HT qui appelle pour le califat, car on ne peut appeler pour le califat seul[8].

Ce refus de l'intégration est jugé comme le principal danger du HT en Occident par une conférence organisé par Nixon Center:

> La principale menace du HT en Occident est son message contre l'intégration. Si les musulmans qui habitent dans les pays occidentaux choisissent de ne pas

---

[1] Ibid., p.15-16.
[2] Ibid., p.19-20.
[3] Ibid., p.21-23.
[4] Ibid., p.24-25.
[5] Ibid., p.26.
[6] Ibid., p.33-35.
[7] Ibid., p.37-38.
[8] Ibid., p.40-42.

s'intégrer, cherchant des vies parallèles, alors il y aura inévitablement à long terme des frictions entre musulmans et non-musulmans. C'est une inquiétude particulière pour l'Europe qui lutte pour assimiler ses citoyens musulmans et pourrait faire face à une instabilité sérieuse si les communautés musulmanes sont transformées en ghetto[1].

3.2.2. Non-participation des musulmans

Dans un document en allemand sur la participation politique des musulmans en Occident[2], le HT répète ce que nous avons indiqué plus haut concernant l'autorisation des partis politiques, lesquels doivent respecter les normes islamiques. Ce qui signifie que, selon la conception islamique du HT, les partis à idéologie communiste, socialiste, capitaliste, laïque ou nationaliste sont contraires à l'islam.

Partant de ce principe, l'ouvrage en question conclut que le musulman vivant dans un pays occidental ne saurait adhérer à des partis basés sur de telles idéologies, parce que cela implique l'acceptation par le musulman de ces idéologies. Ainsi le musulman qui adhérerait, à titre d'exemple, au parti des verts doit admettre, entre autres, les mariages homosexuels prônés par ce parti. Un musulman qui adhère à un parti occidental a le choix entre accepter l'idéologie de ce parti, et donc devenir pécheur (*fasiq*) ou mécréant (*kafir*), ou tromper les autres en rejetant intérieurement cette idéologie tout en continuant à en faire partie sous prétexte qu'il cherche à servir l'intérêt des musulmans. Or, la tromperie et le mensonge sont interdits en islam.

À part l'adhésion à un parti politique, le livre s'attarde sur la participation au niveau gouvernemental, parlementaire et communal. Il explique que le musulman vivant en Occident n'a pas le droit de participer à un gouvernement occidental mécréant parce que la fonction de ce dernier est de faire des lois et de les appliquer aux autres. Ces lois partent du principe de la séparation entre la vie et la religion. Or, ceci est contraire à l'islam pour qui la loi provient de Dieu. Celui qui applique une autre loi que la loi de Dieu est un mécréant en vertu de nombreux versets coraniques, dont le verset 5:44 qui dit: "Ceux qui ne jugent pas d'après ce que Dieu a fait descendre sont les mécréants". Il est de même interdit de participer au parlement qui fait la loi, alors que dans l'islam, seul Dieu peut faire la loi. Il est aussi interdit de participer à un conseil communal. Nous donnons ici deux citations concernant le conseil communal qui résume la position du HT face à la participation des musulmans à la vie politique en Occident et montre comment ce parti conçoit l'Occident:

> Le conseil municipal établit des contrats avec intérêts. Il donne des autorisations pour les locaux de prostitution et de jeu de hasard, conclut des contrats de mariage interdits.

---

[1]   The challenge of Hizb ut-Tahrir, op. cit., p. XIV.
[2]   Die politische Partizipation im Westen und der diesbezügliche Rechtsspruch des Islam, Hizb-ut-Tahrir in Europa, 2002, in http://www.hizb-ut-tahrir.org/deutsch/leaflets/wilayatlflts/Europa/die_politische_partiz ipation_im.htm.

Le musulman, qui aspire à une appartenance ou une présidence dans le conseil municipal, n'a pas la moindre possibilité de limiter son activité à des affaires administratives. La nature de son activité de conseiller municipal le contraint de faire aussi des choses interdites et de les justifier.

Le HT interdit aux musulmans non seulement la participation au gouvernement, au parlement ou au conseil communal, mais aussi la participation à l'élection des représentants au sein de ces trois organismes.

Après avoir affirmé son rejet de la participation des musulmans à la vie politique dans les pays occidentaux, le HT réfute un par un les arguments de ceux qui plaident pour une telle participation. Certains musulmans, dit-il, invoquent le fait que le prophète Joseph avait participé au pouvoir du temps de Pharaon, bien que celui-ci soit considéré comme mécréant par le Coran. Le HT répond que la loi islamique supprime les normes des prophètes qui ont précédé Mahomet lorsque ces normes sont contraires aux normes islamiques. Ce qui était permis pour Joseph ne l'est plus pour les musulmans.

L'autre argument est celui de servir l'intérêt (*maslahah*) des musulmans vivant en Occident Le HT rétorque que l'intérêt dont parlent ces musulmans est fictif et non réel. Il indique en outre que selon la loi islamique les musulmans ne doivent pas séjourner en pays de mécréance.

Le troisième argument consiste à dire que la division *Dar al-islam / Dar al-kufr* appartient au passé, et ne saurait être transposée à notre temps. Le HT rejette cet argument affirmant que cette division dérive du Coran et de la Sunnah de Mahomet, et ne saurait être limitée à une époque donnée.

Le HT indique cependant que l'interdiction de la participation des musulmans à la vie politique ne signifie pas pour autant que les musulmans doivent se couper des non-musulmans. Le musulman doit en Occident respecter les normes islamiques, dont celles relatives au mariage, à l'alimentation, aux habits des femmes et aux autres exigences islamiques. D'autre part, le musulman a d'autres alternatives d'actions qui ne comportent pas de péché. Ainsi il doit exploiter ses potentiels intellectuels, économiques, médiatiques et numériques. Ainsi une grève des médecins musulmans en France peut faire capoter le gouvernement de ce pays.

3.3. Actions du HT en Occident et son interdiction

3.3.1. Actions du HT en Occident

Les publications du HT sont publiés en Occident. Toutes sont opposées à l'Occident, qualifié de mécréant, et plaident pour un État islamique qui devra mener le *jihad* et occuper militairement les pays occidentaux.

Les activités du HT se limitent, pour le moment, à recruter des membres en Occident et à répandre son idéologie dans les milieux musulmans. Le HT demande aux musulmans, - qu'ils soient ressortissants ou étrangers -, de profiter de la liberté d'expression et d'action dont ils bénéficient en Occident, liberté fortement limitée dans les pays islamiques. En même temps il met en garde ces musulmans contre l'intégration et la participation dans la vie politique des pays occidentaux. Selon le

HT, tous ces musulmans doivent se considérer comme faisant partie de la nation islamique et défendre cette nation contre l'agression et la domination occidentale.

Les différentes sources consultées semblent affirmer que le HT n'a pas pris part à des actions violentes en Occident ou contre les intérêts occidentaux[1], alors même qu'il existe des indices sur sa participation dans des coups d'État au Proche-Orient, comme signalé plus haut. Ceci est en conformité avec son idéologie selon laquelle le *jihad* doit être mené par l'État islamique ayant à sa tête le calife. Mais le HT, comme indiqué plus haut, considère qu'il est du devoir de chaque musulman, où qu'il soit, de participer au *jihad* contre les mécréants qui occupent leurs pays isla-miques. Ce qui signifie, qu'en théorie au moins, le HT n'exclut pas le recours à la force, y compris dans les pays européens occidentaux engagés dans des guerres avec les pays islamiques.

Signalons ici que le HT a condamné les attentats contre les deux Tours en sep-tembre 2001[2] et ceux de Madrid en mars 2004[3] considérés comme contraires aux normes islamiques, tout en rappelant la nécessité de rétablir le califat et en criti-quant la position occidentale à l'égard des musulmans. Le HT estime à cet égard que le terrorisme a été défini par les Occidentaux, notamment les États-Unis, de façon unilatérale, seuls les actes et les mouvements allant contre leurs intérêts étant considérés comme terroristes[4]. Les lois anti-terroristes, selon le HT, visent à ren-forcer la domination occidentale sur le monde[5].

3.3.2. Interdiction du HT en Occident

Le HT est interdit pratiquement dans tous les pays islamiques parce qu'il est consi-déré comme un danger à l'ordre constitutionnel et à la stabilité politique, le HT ne cachant pas son désir de renverser les régimes en place en recourant au soutien de l'armée.

Le 14 février 2003, la Cour suprême de la fédération russe a interdit le HT comme faisant partie de 15 partis terroristes[6].

Un rapport sur la situation du HT en Turquie indique que ses membres ont fait souvent l'objet d'arrestations, mais depuis la modification du code pénal turc, les tribunaux ne les arrêtent plus du fait qu'ils ne font pas usage de violence[7]. Le HT a été interdit en Allemagne le 15 janvier 2003. La décision allemande a été précédée d'une campagne de presse contre le HT l'accusant de tenir des propos anti-sémites.

---

[1] Radical Islam in Central Asia: responding to Hizb ut-Tahrir, op. cit., p. 9.
[2] Jalaluddin Patel: How should Muslims view the Attacks in America?, Khilafah Magazine, octobre 2001, in http://www.khilafah.com/home/ category.php?DocumentID=2354&TagID=2.
[3] Javed Ansari: Madrid Bombings and the Attempts to Demonise Islam'. In Khilafah Magazine, April 2004, cité par Mayer: Hizb ut-Tahrir, p. 21.
[4] Dangerous concepts to attack Islam and consolidate the Western culture, op. cit., p. 8-10.
[5] Ibid., p. 10.
[6] On the Detention of Members of the Terrorist Organization "Islamic Liberation Party" ("Hizb ut-Tahrir al-Islami"), Daily News Bulletin, 11 juin 2003, in http://www.ln.mid.ru/bl.nsf/0/43bb94f12ad12c75432 56d42005a9b49?OpenDocument.
[7] The challenge of Hizb ut-Tahrir, op. cit., p. 37-38.

Le représentant du HT en Allemagne a répondu à cette campagne le 4 novembre 2002[1] :

Le HT a eu des problèmes avec les autorités danoises, en raison d'un dépliant distribué à Copenhague citant un verset du Coran dont il peut être induit une incitation à tuer les juifs. À cause de ce dépliant, le porte-parole du HT a été condamné à 60 jours d'emprisonnement avec sursis, décision contre laquelle il a fait recours[2]. D'autre part, le Comité du Conseil culturel de cette ville a refusé de suivre le souhait du Maire de Copenhague d'interdire au HT l'utilisation des locaux du Conseil pour ses réunions en raison d'un dépliant paru dans le site du HT comportant un verset coranique incitant à tuer les juifs. La majorité des parlementaires souhaiterait aussi interdire ce parti et a demandé au procureur de le poursuivre[3]. Mais à notre connaissance, le HT continue toujours ses activités au Danemark.

En Grande-Bretagne, le HT ne fait pas l'objet d'interdiction, bien que ces principales activités médiatiques se situent dans ce pays. Toutefois, il a été interdit d'accès aux campus universitaires en raison de ses positions jugées antisionistes et antijuives. Afin de contourner cette interdiction, le HT utilise différents noms[4].

Signalons ici que les analystes divergent sur la question de savoir s'il faut interdit le HT ou pas. Ariel Cohen chercheur à l'*Heritage Foundation*, est d'avis qu'il faut l'interdire en raison du danger qu'il représente aux intérêts américains et à la stabilité des régimes islamiques d'Asie, suggérant qu'il s'agit d'un mouvement terroriste ou lié à des mouvements terroristes cherchant à acquérir des armes de destruction massive[5]. Dans le même sens, la Conférence tenue par le Nixon Center demande dans ses recommandations l'interdiction du HT[6]. Autre est le point de vue de l'*International Crisis Group* qui écrit dans un rapport :

> Quel que soit la nature douteuse de l'idéologie du HT, une ligne claire devrait être tracée entre les organisations terroristes et armées d'un côté et celles tel que le HT qui ne recourent pas aux actes de violence[7].

Critiquant Ariel Cohen, Jean-François Mayer, chercheur suisse, ne nie pas que le HT est anti-américain et que ce dernier se réjouirait de pouvoir représenter une menace aux intérêts américains. Mais il rejette l'idée que le HT soit un mouvement terroriste et estime que certains ont intérêt à fabriquer des menaces, raison pour

---

[1] Schily verbietet die islamisch extremistische Organisation "Hizb ut-Tahrir" in Deutschland, 3 janvier 2003, in
http://www.bmi.bund.de/nn_165140/Internet/Content/Nachrichten/Pressemitteilungen/2003/01/Sc hily__verbietet__die__islamisch__Id__91334__de.html.

[2] Schily verbietet die islamisch extremistische Organisation "Hizb ut-Tahrir" in Deutschland, 3 janvier 2003, in
http://www.bmi.bund.de/nn_165140/Internet/Content/Nachrichten/Pressemitteilungen/2003/01/ Schily__verbietet__die__islamisch__Id__91334__de.html.

[3] Hizb-ut-Tahrir ban, B&NNS.com 24 mai 2002, in http://www.euro au-dio.dk/Triple_site/banns/manus_details.asp?UniqueID=543.

[4] The challenge of Hizb ut-Tahrir, op. cit., p. 20, 101, 102, 104 et 108.

[5] Cohen: Hizb: an emerging threat, op. cit.

[6] The challenge of Hizb ut-Tahrir, op. cit., p. XV.

[7] Radical Islam in Central Asia: responding to Hizb ut-Tahrir, op. cit., p. 40-41.

laquelle il ne faut pas succomber aux spéculations sans vérification. Il signale que le HT ne cache pas son opposition absolue au sionisme et à l'État d'Israël, mais il nie catégoriquement d'être anti-sémite[1].

Malgré sa petite taille, le HT donne des cauchemars aux dirigeants musulmans, toute tendance confondue, mais aussi aux dirigeants occidentaux, comme l'indique un article du *Monde diplomatique* de mai 2008 dont le titre est: "Le spectre du califat hante les États-Unis"[2]. Cet article commence comme suit:

À plusieurs reprises, dans ses discours sur la "guerre mondiale contre le terrorisme", le président George W. Bush a brandi la menace de la reconstitution d'un grand "califat" musulman et totalitaire s'étendant de l'Europe à l'Asie. Cette idée a été reprise par le président Nicolas Sarkozy. Pourtant, seuls quelques petits groupes islamistes, comme le HT, fondé en 1952 par un cheikh palestinien, reprennent cet objectif du califat en s'appuyant sur la nostalgie d'un passé glorieux.

---

[1] Mayer: Hizb ut-Tahrir, op. cit., p. 10-14. Mayer cite à cet égard une déclaration faite par le représentant du HT en Alleamgne du 4 novembre 2002, publiée dans le site www.khilafah.com.

[2] http://www.monde-diplomatique.fr/2008/05/FILIU/15869.

Partie 2.
Impact de la conception musulmane sur la Suisse

L'application du droit musulman soulève de nombreuses objections dans les pays musulmans, et à plus forte raison dans les pays non-musulmans en raison des conflits qui existent entre ce droit et les droits de l'homme tels que définis dans les documents des Nations unies[1], voire même dans les constitutions de ces pays. Pour cette raison, la majorité des juristes musulmans actuels admet la règle de la progression, ce qui signifie que tout retour à la loi islamique, aussi souhaitable soit-il, doit se faire de façon progressive, par étape[2]. Des savants religieux musulmans ont développé à cet effet la théorie des priorités[3] afin de ne pas trop heurter les sensibilités. C'est ce qu'on appelle la politique du saucissonnage. Personne n'avale un saucisson d'un seul coup; on le découpe en rondelles. Nous verrons l'application de cette politique dans cette partie consacrée à l'impact de la conception musulmane sur la Suisse.

Chapitre 1.
Les musulmans rouvrent le débat religieux

Comme d'autres pays occidentaux, la Suisse a connu au 19ᵉ siècle un conflit appelé *Kulturkampf*, traduit en français par "combat pour la civilisation" ou "combat pour la culture". Ce conflit opposait les cantons protestants aux cantons catholiques. Pie IX ayant critiqué le *Kulturkampf* en Suisse dans l'encyclique *Etsi multa luctuosa* du 21 novembre 1873, le Conseil fédéral rompit les relations diplomatiques avec le Saint-Siège. La Constitution fédérale fut acceptée peu après, en 1874, comportant des "articles d'exception"[4] visant plus particulièrement l'Église catholique. Cette Constitution coupe les ailes aux deux communautés religieuses en confisquant leur pouvoir en matière d'état civil (art. 53 al. 1), de mariage (art. 54), de juridiction (art. 58 al. 2) et de cimetière (art. 53 al. 2), en garantissant la liberté religieuse et de

---

[1] Pour un examen de la conception musulmane des droits de l'homme, voir notre ouvrage: Sami A. Aldeeb Abu-Sahlieh: Les musulmans face aux droits de l'homme: religion, droit et politique, étude et documents, Winkler, Bochum, 1994.

[2] Nous avons vu dans la partie 1, chapitre 4, point 2.2.1 que, contrairement au courant majoritaire, le Parti de libération islamique estime que l'application doit se fait intégralement et immédiatement.

[3] Cette théorie est surtout développée par Yusuf Al-Qaradawi: Awlawiyyat al-harakah al-islamiyyah fil-marhalah al-qadimah, Mu'assasat al-risalah, Beyrouth, 13ᵉ édition, 1992, et Fi fiqh al-awlawiyyat, dirasah jadidah fi daw' al-Qur'an wal-Sunnah, Maktabat Wahbah, le Caire, 2ᵉ édition, 1996.

[4] Il s'agit des articles suivants: 1) l'article 51 interdisant les jésuites, 2) L'article 52 interdisant la fondation et la restauration de couvents. 3) L'alinéa 4 de l'article 70 exigeant l'approbation du Conseil fédéral pour la création de nouveaux évêchés. 4) L'article 75 rendant les ecclésiastiques, catholiques et protestants, inéligibles au Conseil national. En 1973, une votation populaire abrogea les articles 51 et 52. En 2000, la nouvelle constitution supprima les restrictions de l'article 75; en 2001, une votation populaire abrogea le successeur de l'alinéa 4 de l'article 70.

culte (art. 49) et en assurant le maintien de l'ordre public et la paix confessionnelle entre les membres des diverses communautés religieuses et le non-empiétement des autorités ecclésiastiques sur les droits des citoyens et de l'État (art. 50 al. 2). Grâce à cette Constitution restée en vigueur jusqu'au 31 décembre 1999, la Suisse a pu retrouver la paix confessionnelle.

Lasse d'une vingtaine d'années de travaux préparatoires et de projets infructueux, la Confédération a fini par adopter une nouvelle Constitution entrée en vigueur le 1er janvier 2000, une constitution qui donne l'air d'un texte bâclé et inconsidéré, au moins en ce qui concerne les questions religieuses.

Cette nouvelle Constitution part de l'idée que la Suisse a dépassé les clivages religieux auxquelles la Constitution de 1874 tentait de remédier. Parlant de la liberté de conscience et de croyance, le Message du Conseil fédéral, trop optimiste, dit que cette liberté "met désormais l'accent sur le droit individuel à la liberté religieuse au détriment de la garantie de la paix religieuse, qui n'est plus aujourd'hui menacée comme par le passé"[1]. De ce fait, la nouvelle Constitution ne fait que garantir les différents droits sans s'attarder aux différents obstacles à la réalisation de ces droits et sans parler de la juridiction de l'église ou des cimetières. L'article 72 al. 2 de cette Constitution dit que "la Confédération et les cantons peuvent prendre des mesures propres à maintenir la paix entre les membres des diverses communautés religieuses". Il omet, à tort, la question des "empiètements des autorités ecclésiastiques sur les droits des citoyens et de l'État" dont parle l'art. 50 al. 2 de l'ancienne Constitution.

Si les rapports entre les catholiques, les protestants et l'État sont devenus plus cordiaux, les rédacteurs de la Constitution de 2000 ont perdu de vue la communauté musulmane dont nous donnons ici le nombre selon les statistiques officielles:

année	Musulmans	Population totale
1970	16'353	6'269'783
1980	56'625	6'365'960
1990	152'217	6'873'687
2000	310'807	7'204'055[2]

Ces chiffres, qui ne comprennent ni les travailleurs saisonniers, ni les personnes bénéficiant d'une autorisation de séjour de courte durée, ni les requérants d'asile, ni les sans-papier, montrent que la communauté musulmane a plus que doublé, voire triplé chaque décennie. Dans un encart publicitaire largement diffusé en 2004, l'UDC (Union démocratique du centre) affirme que si l'évolution se poursuit, les musulmans seront bientôt la majorité en Suisse[3]. Il faudrait attendre le recensement

---

[1] Message relatif à une nouvelle constitution fédérale, 20 novembre 1996, p. 157.
[2] http://www.bfs.admin.ch/bfs/portal/fr/index/news/publikationen.Docum
     ent.50517.pdf#search=%22statistiques%20musulmans%20310'807% 22, p. 110.
[3] Voir http://www.tsr.ch/tsr/index.html?siteSect=200001&sid=5194523& folderId=5169849. Sur cette projection, voir la position du Conseil d'éthique de la statistique publique suisse http://www.stat.ch/doc uments/ethics-case412.pdf.

de 2010 pour voir dans quel sens va l'évolution. Majoritaires ou pas, leurs revendications suscitent déjà un débat houleux en Suisse, revendications qui vont de paire avec l'augmentation de leur nombre.

Certes, les musulmans en Suisse sont hétérogènes et ne sont pas tous pratiquants. Toutefois, on ne peut les priver de leur sentiment d'appartenance religieuse. Ces musulmans peuvent, s'ils sont menés par des imams influents, se solidariser avec une cause et faire pencher la balance. Qu'on me permette une comparaison: les moutons dans un troupeau n'ont pas d'opinion, mais il suffit d'avoir un seul berger habile pour les conduire. D'où l'importance de la formation et du contrôle des imams et autres meneurs de la communauté musulmane.

Forte de son effectif, la communauté musulmane tente à s'imposer sur la scène helvétique avec des revendications croissantes, dont la reconnaissance de l'islam en tant que religion officielle et l'application du droit musulman en tant que loi personnelle. C'est ce que nous verrons dans les deux chapitres suivants.

Chapitre 2.
Reconnaissance de l'islam comme religion officielle

La *Fondation culturelle islamique* de Genève dit qu'un de ses objectifs est de "faire un effort pressant auprès du gouvernement suisse pour qu'il reconnaisse la religion islamique en tant que religion officielle comme les autres religions en Suisse et consacre des cimetières réservés aux musulmans dans toutes les villes suisses"[1].

Lors du 150ᵉ anniversaire de l'État fédéral helvétique dans le Forum 98 tenu à Brigue les 18 et 19 septembre 1998, Mme Fawzia Al-Ashmawi, de la Faculté des lettres de Genève, posa à M. Flavio Cotti, alors président de la Confédération, la question suivante:

> Étant donné que la population musulmane établie en Suisse est la troisième communauté religieuse du pays [...] est-ce que la Suisse envisage une reconnaissance officielle de l'islam en tant que l'une des religions de la population suisse?

Flavio Cotti lui répondit:

> La communauté musulmane de Suisse a le droit d'être reconnue et intégrée dans notre société, mais le gouvernement suisse ne reconnaît aucune religion, nous sommes un pays neutre et nous adoptons la laïcité; nous sommes une démocratie et un gouvernement fédéral qui accorde à chaque canton et à chaque commune la liberté de déterminer ses rapports avec les différentes communautés religieuses. Ainsi cette reconnaissance n'est pas du ressort du gouvernement mais des cantons et des communes[2].

Malgré la clarté de cette réponse, Mme Al-Ashmawi revient avec insistance sur la question de la reconnaissance. Elle estime que la "non-reconnaissance de l'islam, comme l'une des religions de la population résidente en Suisse, est à l'origine de presque toutes les formes de discrimination sociale à l'encontre des musulmans vivant dans le pays"[3]. Elle rapporte de Hani Ramadan les propos suivants:

> Le plus grand problème qu'affronteront les musulmans sera la reconnaissance officielle de l'islam par les autorités suisses. Les musulmans doivent se préparer pour cette reconnaissance et avoir une fédération qui les représente. Cette fédération ou "parlement islamique" devrait être établie selon le modèle suisse avec un représentant musulman de chaque canton. Ce parlement islamique sera un forum où les musulmans pourront prendre des décisions et avancer des réclamations en rapport avec les questions musulmanes avant de les communiquer aux autorités suisses... Ce parlement islamique devrait obtenir une reconnaissance officielle de l'islam par les autorités suisses. À mon avis, c'est la

---

[1] Bulletin de la Fondation culturelle islamique de Genève relatif à l'horaire des prières 2000/2001.

[2] Fawzia Al-Ashmawi: La condition des musulmans en Suisse, CERA Éditions, Genève, 2001, p. 114.

[3] Ibid., p. 50.

question la plus importante pour l'intégration sociale des musulmans dans le pays[1].

Le système de la reconnaissance des religions en Suisse est complexe. La Confédération ne reconnaît aucune religion particulière et aucune communauté religieuse. C'est aux cantons de voir comment ils veulent régler leurs rapports avec les différentes communautés religieuses, prenant en considération leur tradition historique, tout en respectant les droits fondamentaux, en particulier la liberté de conscience et de croyance (art. 15) et le principe d'égalité (art. 8). Mais cela ne les contraint pas à observer une totale neutralité religieuse: ils peuvent ainsi décider d'octroyer un statut de droit public à certaines communautés religieuses et pas à d'autres. Sur ce plan, on constate qu'il y a autant de systèmes que de cantons. Le canton de Neuchâtel et de Genève n'octroient pas de statut de droit public aux communautés religieuses. Dans la plupart des autres cantons, les deux grandes Églises traditionnelles bénéficient d'un statut de corporation de droit public. C'est également le cas de l'Église catholique chrétienne et de la Communauté israélite dans quelques cantons. Treize sur les 26 Constitutions cantonales prévoient expressément la possibilité de reconnaître d'autres communautés religieuses comme étant de droit public. Ainsi, la Communauté israélite a obtenu dans quatre cantons le statut de droit public.

En plus de la reconnaissance de droit public, les communautés religieuses, dont la communauté musulmane, ont le droit de s'organiser sous forme de fondation ou d'association de droit privé en vertu des dispositions du Code civil (art. 52 et sv.). Ceci est garanti par la Constitution (art. 23) tant pour les citoyens que pour les étrangers. La Suisse diffère en cela de la plupart des pays musulmans où la création d'une fondation ou d'une association est soumise à une autorisation préalable de la part de l'État dans le but d'exercer un contrôle sur ses activités[2]. Cela pourrait probablement expliquer pourquoi les musulmans demandent une reconnaissance de la part de la Suisse.

Signalons ici qu'une initiative populaire visant à introduire dans la Constitution fédérale un article imposant la "séparation complète de l'État et de l'Église" sur l'ensemble du territoire suisse fut déposée en 1976. Soumise à la votation populaire en mars 1980, l'initiative fut massivement refusée par 1'052'575 non contre 281'475 oui et par tous les cantons[3].

Nous estimons que la Confédération et les cantons ne doivent reconnaître aucune communauté religieuse, les laissant s'organiser sous forme de fondation ou d'association de droit privé, dans le respect des normes démocratiques. La reconnaissance d'une communauté religieuse implique, en ce qui concerne la communauté musulmane tout au moins, une reconnaissance du droit musulman du moment que ce droit fait partie intégrante de la foi que professe cette communauté. Vous ne pouvez pas inviter quelqu'un chez vous en exigeant de lui de laisser un pied hors de la porte et de n'entrer qu'avec un seul pied. Les islamistes invoquent d'ailleurs la dis-

---

[1]   Ibid., p. 124.
[2]   Voir à cet effet Sami A. Aldeeb Abu-Sahlieh: Les ONG de défense des droits de l'homme en quête de légitimité en droit arabe, in: Associations transnationales, 1/1998, p. 12-27.
[3]   Feuille fédérale 1978 II 676sv.

position constitutionnelle dans les pays musulmans affirmant que l'islam est religion d'État pour revendiquer l'application du droit musulman. L'application de ce droit est une des revendications formulées par les musulmans dans les pays musulmans en faveur de leurs coreligionnaires vivant dans les pays non-musulmans, comme nous l'avons vu plus haut. Certains milieux musulmans en Suisse ne cachent nullement qu'ils veulent l'application du droit musulman sur sol helvétique.

Chapitre 3.
Application du droit musulman

1. Le droit en Suisse est un droit laïc

La loi suisse est une émanation du peuple et une expression de sa souveraineté. Cette loi subit périodiquement des modifications et des ajournements en fonction des besoins de la société, selon des procédés démocratiques établis et acceptés par le peuple, directement ou indirectement, que ce soit sur le plan fédéral, cantonal ou communal. Contrairement au droit musulman, elle ne prétend pas être d'inspiration divine. En Suisse prévaut l'adage: *Vox populi, vox Dei* (la voix du peuple est la voix de Dieu), alors que chez les musulmans, "l'intelligence humaine est incapable d'élaborer la voie la meilleure en vue d'assurer le service de la vie, sans que Dieu ne la guide et ne lui en assure révélation", pour reprendre les termes de la Déclaration islamique universelle des droits de l'homme[1].

Certes, les trois constitutions suisses de 1848, de 1874 et de 2000 commencent par l'invocation: "Au nom de Dieu tout puissant". Dans le cadre de la Constitution de 1844, cette invocation peut être comprise comme une prise de position de la Confédération en faveur de la conception chrétienne de la religion en raison de l'article 44 qui stipulait: "Le libre exercice du culte des confessions chrétiennes reconnues est garantie dans toute la Confédération". Ceci cependant ne peut pas être dit de la Constitution de 1874, dont l'article 49 al. 1 affirme: "La liberté de conscience et de croyance est inviolable", sans aucune référence à une confession donnée. Toutefois, Jean-François Aubert écrit:

> Le dieu du préambule n'est peut-être pas exactement celui de Pie IX ou d'Alexandre Vinet[2], mais c'est, selon toute vraisemblance, un dieu personnel, et même le Dieu d'une religion de type chrétien[3].

Le Message relatif à une nouvelle constitution fédérale cherche à dissiper cette impression de renvoi au dieu des chrétiens. Il indique que

> l'invocation divine perpétue une tradition, observée depuis les premiers pactes qui ont lié les anciens Confédérés. Sa mention dans le préambule… établit un lien de première importance avec la tradition. Sur le fond, elle doit rappeler qu'il existe, au-dessus de l'État et de l'homme, une puissance transcendante, relativisant ainsi la valeur des choses terrestres. En raison des différentes religions et conceptions philosophiques, cette puissance n'est cependant pas nécessairement marquée du sceau du christianisme; l'État ne peut rendre aucune croyance obligatoire et chacun peut prêter aux termes *Dieu Tout-Puissant* un sens personnel.

---

[1] Voir partie 1, chapitre 2, point 3.

[2] Alexandre Vinet (1797-1847), théologien suisse, a influencé par ses écrits l'ensemble du protestantisme d'expression française pendant près d'un siècle (pour une esquisse bibliographique, voir http://www.mus eeprotestant.org/Pages/Notices.php?scatid=70&noticeid=363&lev=1).

[3] Jean-François Aubert: Traité de droit constitutionnel suisse, Éditions Ides et Calendes, Neuchâtel, 1967, vol. II. p. 716.

Le Message ajoute:

> La garantie de la liberté de conscience et de croyance interdit en particulier à la Confédération et aux cantons de se comporter de manière hostile à l'égard de quelque religion que ce soit (y compris à l'égard de ceux qui font le choix d'une conception philosophique privée de référence religieuse)[1].

L'article 15 al. 1 de la Constitution de 2000 affirme d'ailleurs que "La liberté de conscience et de croyance est garantie". Mais que ce soit dans la Constitution de 1874 ou dans celle de 2000, la doctrine estime que cette invocation "ne confère pas à la religion chrétienne un statut spécial"[2] et surtout elle

> n'a pas de portée normative. La Confédération suisse, même si elle n'observe pas une neutralité religieuse absolue, est un État laïc [...]. Il n'est donc pas permis de tirer de l'invocation d'un Dieu personnel des conséquences législatives qui seraient inacceptables pour ceux qui ne croient pas en ce Dieu"[3].

Jean-François Aubert donne une précision importante concernant ce préambule. Il écrit:

> Certains auteurs ont cru pouvoir déduire de l'invocation des directives sur ce qu'on doit mettre dans les lois: la justice sociale, par exemple. Ce genre de déduction nous paraît vain. D'abord, il s'agit de maximes très générales, qui ne sont pas seulement celles des croyants. Et surtout, ce sont des maximes qui, dans leur généralité, ne signifient rien de précis; elles ne reçoivent leur contenu que par l'effet d'une opération politique. En Suisse, c'est le peuple et ses représentants qui définissent la justice sociale; on conçoit mal que la minorité reproche alors à la majorité de violer le préambule de la Constitution. Il ne faut pas mêler Dieu aux querelles des partis[4].

Nous touchons là à une différence majeure entre la conception suisse et la conception musulmane de la loi. C'est d'ailleurs à propos de la conception de la loi que la Suisse a vivement réagi au dogme de l'infaillibilité du pape, craignant que le Pape ne puisse dicter des normes qui iraient à l'encontre de celles adoptées par le peuple suisse, surtout dans des domaines que l'État considère comme relevant de sa compétence et sous sa protection, comme c'est le cas des écoles, de la liberté religieuse, du mariage et des cimetières. Une communauté musulmane qui revendiquerait, au nom de sa soumission à Dieu, l'adoption du droit musulman en Suisse, un droit qui ne serait pas soumis au contrôle du peuple et de ses représentants, et qui serait applicable même dans des domaines où il violerait les normes suisses, - et qui serait donc supérieur au normes suisses, irait à l'encontre du système juridique suisse.

---

[1]   Message du Conseil fédéral du 20.11.1996, p. 124-125.

[2]   Jean-François Aubert et Pascal Mahon: Petit commentaire de la constitution fédérale de la confédération suisse du 18 avril 1999, Schulthess, Zurich, 2003, p. 6.

[3]   Commentaire de la constitution fédérale de la confédération suisse, vol. I, Éditions Helbing & Liechtenhahn, Bâle, 1995, sous "Préambule", par Jean-François Aubert, par. 6. Voir aussi Jean-François Aubert: Traité de droit constitutionnel suisse, Éditions Ides et Calendes, Neuchâtel, 1967, vol. I. p. 112.

[4]   Commentaire de la constitution fédérale de la confédération suisse, vol. I, Éditions Helbing & Liechtenhahn, Bâle, 1995, sous "Préambule", par Jean-François Aubert, par. 7.

Certes, une personne peut se laisser guider par ses convictions religieuses dans le processus de légifération ou dans le choix de ses représentants. Mais elle ne peut refuser que ses normes religieuses qu'elle souhaiterait introduire en Suisse soient l'objet de débat avant leur adoption, ni refuser de se soumettre aux normes adoptées démocratiquement en estiment qu'elle n'est tenue que par ses propres normes religieuses.

2. Application du droit musulman

Nous avons vu plus haut que le droit musulman a institué le système de la personnalité des lois, ce qui signifie l'application à chaque communauté religieuse admise dans les pays musulmans de sa propre loi par ses propres tribunaux.

Il n'existe en Suisse, ni sondage, ni étude qui examine la position des différents milieux musulmans en Suisse face au droit suisse. Mais si nous partons des normes islamiques que nous avons énoncées plus haut, il est évident que la conception musulmane n'est pas compatible avec la conception suisse. Quelques prises de positions de certains milieux musulmans en Suisse démontrent qu'ils souhaitent remplacer le droit suisse par le droit musulman en vertu du principe de la personnalité des lois.

Fawzia Al-Ashmawi considère comme discriminatoire le fait d'appliquer à la population musulmane vivant en Suisse les normes du Code civil suisse en matière de mariage, de divorce et d'héritage[1]. À la question de savoir "quelles nouvelles formes de législation sont nécessaires pour l'intégration des musulmans en Suisse?", le cheikh Yahya Basalamah, imam de la *Fondation culturelle islamique* de Genève, répond:

> D'abord la reconnaissance officielle de l'islam par les autorités suisses qui mènera à l'intégration de la deuxième génération des musulmans dans le pays. Je pense aussi que le mécanisme de sécularisation doit être plus modéré et plus flexible, pour que l'identité musulmane puisse être adaptée à ce mécanisme[2].

Hani Ramadan, imam et directeur du *Centre islamique* de Genève, écrit dans un livre intitulé *Articles sur l'islam et la barbarie*:

> L'homme vit dans un univers dont il ignore l'essence profonde. Il se pose des questions sur l'aspect intérieur des choses. D'où la nécessité de la prophétie afin d'avoir des réponses claires à un certain nombre d'interrogations qui le rendraient perpétuellement angoissé face à son ignorance. Ceci étant aussi bien valable sur le plan de la foi que de la loi… Si l'être humain n'obéit pas à la loi divine, il finit par gérer son milieu naturel, l'univers, d'une façon abominable. C'est bien ce qui arrive aujourd'hui. Soyons donc conscients que le monde ne pourrait être géré convenablement sans un recours sincère à la loi divine. L'islam signifie donc la soumission à Dieu: obéir à la loi [de Dieu] sans condition. "Il n'appartient pas à un croyant ou à une croyante de suivre leur propre

---

[1] Al-Ashmawi: La condition des musulmans en Suisse, op. cit., p. 46.
[2] Ibid., p. 121.

choix lorsque Dieu et son Messager en ont décidé autrement; quiconque déso-béit à Dieu et à son Messager s'égare de toute évidence" (Coran 33:36)[1].

Dans un article intitulé "L'islam propose à l'Occident un dialogue sans compromis-sion", Hani Ramadan estime que le système construit sur la démocratie et les droits de l'homme a créé un vide, et ce vide doit être comblé par la religion. Or, poursuit-il, "le retour [de l'Occident] au christianisme serait une solution. Mais la foi chré-tienne, rendant à César ce qui appartient à César, s'est complètement désengagée de la marche de l'Histoire. L'État l'a emporté sur l'Église, marginalisée et incomprise. Quant au judaïsme, il reste actuellement attaché à l'idée de la race élue, ce qui ré-duit considérablement la portée de son message". Il reste donc l'islam qui propose une foi, une morale et "un système de lois... un gouvernement qui ne rejette pas le principe démocratique des élections, mais pour qui la loi divine seule est souve-raine. Il s'agit effectivement d'un système complet qui remet en cause les principes mêmes de la laïcité"[2].

L'opinion de Hafid Ouardiri, porte-parole de la *Fondation culturelle islamique* de Genève, fait une distinction entre le musulman étranger et le musulman citoyen dans leurs rapports avec le droit suisse. Il explique:

> L'étranger (musulman) doit se contenter de vivre un *islam provisoire*, c'est-à-dire un islam sans revendication. Un islam qui s'adapte bon gré mal gré aux lois en vigueur, même si celles-ci sont souvent réductrices à son égard. Cet étranger, qu'il soit simple ouvrier, intellectuel ou scientifique, n'a pas le choix. C'est à prendre ou à laisser (souvent le renouvellement de son titre de séjour peut en dépendre). En langage clair, s'il n'est pas content, il peut rentrer chez lui. Quand on sait ce qui l'attend chez lui (le pire) on comprend, sans le con-damner, pourquoi il se résigne.

La situation est autre en ce qui concerne le musulman citoyen. Hafid Ouardiri écrit:

> Le musulman citoyen européen, c'est autre chose. Il est citoyen, donc l'égal des autres.... Il doit respecter les lois et servir sa patrie conformément aux exi-gences propres à la citoyenneté ... Mais voilà, pour le citoyen musulman prati-quant, au-dessus de sa citoyenneté culmine sa foi, avec ses lois, sa pratique, ses principes et ses valeurs ... Il se trouve donc confronté à un dilemme. La loi qui régit sa citoyenneté se trouve parfois en contradiction avec celle de sa foi. Est-ce l'islam qui est incompatible avec la citoyenneté européenne ou l'inverse? Pour le musulman, l'obstacle vient de l'étroitesse des lois de la laïcité et non le contraire. Face à cette situation, le citoyen musulman doit soit s'exposer à une fin de non-recevoir de la part du pouvoir et, au nom de la laïcité, vivre un *islam réduit* et incomplet par rapport aux prescriptions divines; soit revendiquer le droit à plus d'ouverture et de compréhension de la part du pouvoir politique. Il lui réclamera un champ politique, juridique et culturel plus large afin de pou-

---

[1] Hani Ramadan: Articles sur l'islam et la barbarie, Centre islamique de Genève, Genève, 2001, p. 17.
[2] Ibid., p. 59-60.

voir exprimer légalement et vivre les valeurs islamiques qui sont indispensables à sa foi[1].

Tariq Ramadan, activiste musulman et frère de Hani Ramadan, écrit:

Quand des individus ou des associations de la communauté musulmane interpellent les pouvoirs publics en vue de trouver des solutions aux divers problèmes qui sont les leurs, ils ne traduisent pas une volonté d'être traités différemment; bien plutôt – puisqu'ils vont vivre ici – ils demandent à ce qu'on prenne en considération leur présence et leur identité dans le cadre d'une législation qui a été élaborée en leur absence[2].

Certes, les lois suisses ont été élaborées en l'absence des musulmans. Mais maintenant que les musulmans sont là, que faut-il faire? Doivent-ils accepter ces lois? Vont-ils imposer leurs lois? Dans son dialogue avec Tariq Ramadan, Jacques Neirynck exprime une crainte:

Si une communauté musulmane est minoritaire dans un pays qui est un État de droit, un État tolérant - pas un État qui persécute la foi - ce qui est le cas de la plupart des pays de l'Europe occidentale, le musulman doit honnêtement accepter le droit tel qu'il existe. Il peut et il doit utiliser les marges qui existent à l'intérieur de ce droit, pour se rapprocher autant que possible des conceptions de l'islam.

Tariq Ramadan répond: "Exactement". Mais Jacques Neirynck d'ajouter:

Mais sans violer le droit local! Cette prise de position est très importante. C'est un message que les Occidentaux perçoivent mal. L'hostilité à l'égard des musulmans provient toujours de l'idée qu'une fois qu'ils seront suffisamment nombreux, ils ne vont plus obéir au droit commun et l'on va se retrouver avec deux communautés, vivant l'une à côté de l'autre, avec leurs propres droits, avec leurs propres tribunaux. Et la situation va devenir inextricable d'abord et puis conflictuelle comme en Israël ou au Liban[3].

Ailleurs, Tariq Ramadan écrit que le musulman doit non seulement accomplir les pratiques cultuelles (prière, jeûne, aumône légale et pèlerinage), mais aussi respecter les normes musulmanes concernant "le mariage, le divorce, les contrats, les ventes, etc. Dans ce domaine, chaque question doit être étudiée à la lumière à la fois des sources musulmanes et de l'environnement juridique, afin que nous trouvions un moyen de demeurer, autant que possible, fidèles aux enseignements musulmans tout en respectant les lois en vigueur. Cela ne signifie nullement que les musulmans, pas plus que n'importe quel autre être humain, devraient être contraints d'agir contre leur conscience"[4].

---

[1]   Hafid Ouardiri: Musulman et citoyen européen: quel avenir? in: Le Courrier, 19.11.1993.

[2]   Tariq Ramadan: Les musulmans dans la laïcité, responsabilités et droits des musulmans dans les sociétés occidentales, Tawhid, Lyon, 1994, p. 97-98.

[3]   Jacques Neirynck et Tariq Ramadan: Peut-on vivre avec l'islam? Le choc de la religion musulmane et des sociétés laïques et chrétiennes, Favre, Lausanne, 1999, p. 208.

[4]   Tariq Ramadan: Être musulman européen, étude des sources islamiques à la lumière du contexte européen, Tawhid, Lyon, 1999, p. 217-218.

Tout en estimant qu'il n'y a pas de contradiction à être musulman et citoyen européen, il reconnaît qu'il reste la question de "clarifier la nature de l'articulation qui existe entre les prescriptions des références islamiques et la réalité concrète de la citoyenneté dans un pays européen". Il affirme:

> Les millions de musulmans – lorsqu'ils sont venus dans ces pays (européens) en tant que travailleurs, étudiants, réfugiés, ou dans le cadre du regroupement familial – ont tacitement ou explicitement reconnu le caractère contraignant de la Constitution ou des lois du pays où ils s'apprêtaient à entrer puis à vivre. En signant un contrat de travail ou en demandant un visa, ils acceptent la validité et l'autorité, tout à la fois, de la Constitution, des lois et de l'État. Cela est clair pour les résidents et les travailleurs de passage, et c'est encore plus évident dans le cas des citoyens qui s'engagent par un serment solennel à respecter la loi fondamentale de leur pays. Quant aux musulmans de la deuxième génération et des suivantes, ils sont soit des citoyens, et donc naturellement liés par la législation, soit des résidents, liés eux aussi par l'accord accepté auparavant par leurs parents[1].

Voilà qui est rassurant. Mais que faire si la loi suisse entre en conflit avec la loi musulmane? Laquelle a la prévalence? Tariq Ramadan répond:

> Dans le domaine social, politique et même financier, les affaires humaines sont fondées sur des accords et des contrats que … les musulmans sont tenus de respecter et qui doivent avoir la priorité à leurs yeux. Faysal Al-Mawlawi souligne à juste titre que, selon la majorité des oulémas, les musulmans sont liés par les décisions et les actes d'un dirigeant injuste ou d'un dictateur *tant qu'il ne commet pas un péché ou un acte qui s'oppose aux enseignements de l'islam.* Dans une telle situation, ils ne sont plus liés par ses actes puisqu'il a rompu, en agissant ainsi, l'accord tacite entre lui et son peuple quant au respect de l'autorité des sources islamiques. Par conséquent, ils ont le droit, et le devoir, de le destituer et de lui reprendre le pouvoir dans le cadre de la législation en vigueur, c'est-à-dire "par tous les moyens légaux"[2].

Il ajoute:

> En ce qui concerne … la législation occidentale, le champ de la permission est plus vaste que celui de l'obligation. Néanmoins, il pourrait arriver que la citoyenneté conduise quelqu'un à affronter, ou à ressentir, une grande tension entre sa foi, sa conscience, et les devoirs liés à sa nationalité. Dans de telles situations il devrait avoir à se référer à la notion juridique de la "clause de conscience" qui lui permet d'indiquer que certains actes ou comportements sont en contradiction avec sa foi[3].

Il cite ici le cas de la guerre, mais aussi les règlements obligatoires qui ne sont pas conformes aux prescriptions islamiques: en ce qui concerne certaines assurances, les banques, l'égorgement des animaux, les enterrements, etc. Dans ces cas, "une

---

[1] Ibid., p. 265-266.
[2] Ibid., p. 275-276.
[3] Ibid., p. 283.

évaluation très pointue de chacun des cas de figure doit être effectuée (aussi bien par les musulmans ordinaires que par les oulémas) afin de déterminer le degré d'obligation (et par conséquent le degré de nécessité) y relatif... Ce n'est qu'après ce travail d'analyse, d'évaluation et de pondération qu'une *fatwa* adaptée devrait être formulée. Il s'agit ici explicitement d'un développement du *fiqh*, du droit et de la jurisprudence islamique, selon le principe d'adaptabilité à l'environnement"[1].

Ne risque-t-on pas de porter atteinte à la souveraineté étatique en matière législative? Tariq Ramadan répond:

> Cela ne signifie en aucune façon qu'en envisageant ces perspectives nous cherchions à saper les fondements de la nation ou à revendiquer des "lois particulières pour les musulmans", comme on l'a entendu ça et là. Bien au contraire. Les citoyens de confession musulmane sont bien des citoyens et ils ont également le droit - dans le cadre de la législation nationale - d'être respectés en tant que musulmans: le paysage des sociétés occidentales a grandement évolué au cours des quarante dernières années et il s'agit simplement ici d'être juste, cohérent et d'avoir la sagesse d'en tenir compte. Faisant partie des sociétés européennes, les musulmans ont dorénavant la responsabilité, conformément aux enseignements de l'islam, de respecter leur engagement envers les lois, de protéger leur identité et, au sein du grand espace de liberté dont ils disposent, d'œuvrer et d'agir dans tous les différents domaines (social, juridique, économique et politique) pour penser, autant que faire se peut, les perspectives d'une meilleure harmonie entre la personnalité musulmane et le paysage occidental[2].

Mais va-t-on invoquer la clause de conscience partout? Tariq Ramadan répond que certaines questions ont la "priorité et doivent être prises en compte où que vive le musulman". Tel est le cas de "la liberté de culte, le respect du principe de justice, l'interdiction de tuer pour le pouvoir ou pour l'argent". En ce qui concerne les autres questions comme l'école, l'éducation, le mariage, les cimetières, elles sont certainement de première importance, mais il demeure possible de trouver des solutions dans le cadre de la législation, c'est-à-dire selon les termes de l'accord tacite ou explicite qui existe avec le pays. Par conséquent, ces questions n'ont plus rien à voir avec une éventuelle clause de conscience, mais requièrent plutôt un véritable engagement des musulmans afin de trouver des solutions appropriées[3].

Sans doute, le citoyen musulman, comme tout autre citoyen suisse, a le droit de modifier par les moyens légaux les lois pour que celles-ci acquièrent une conformité avec sa conscience et ses convictions. Mais jusqu'où peut-on aller pour satisfaire la conscience du musulman? On sait que dans les pays musulmans les revendications des groupes islamistes sont sans limite et ressemblent aux poupées russes. Tariq Ramadan reconnaît que des musulmans en Occident formulent des exigences extrêmes. Il écrit à cet égard:

---

[1] Ibid., p. 286-287.
[2] Ibid., p. 288-289.
[3] Ibid., p. 289-299.

Certains groupes islamiques radicaux affirment qu'un musulman ne peut être lié par une Constitution autorisant l'intérêt bancaire, l'alcool et d'autres comportements en contradiction avec les enseignements de l'islam. Or, si effectivement les Constitutions européennes autorisent ces transactions et ces comportements, elles n'obligent pas les musulmans à y avoir recours ou à agir de cette manière. Par conséquent ceux-ci doivent, d'une part, respecter la législation en vigueur - puisque leur présence est fondée sur un pacte tacite ou explicite - et, d'autre part, s'abstenir de toute activité ou de toute participation qui serait en contradiction avec leur foi[1].

Tariq Ramadan a bien assimilé les théories islamiques de la progression et des priorités et la politique du saucissonnage dont nous avons parlé plus haut.

3. Lorsqu'un anthropologue se mêle

L'application du droit musulman fait l'objet de débat au Canada[2] et au Royaume Uni[3], et ce débat s'étendra tôt ou tard à d'autres pays occidentaux[4]. Ce débat a été ouvert en Suisse par Christian Giordano un professeur d'anthropologie sociale de l'Université de Fribourg.

Christian Giordano a proposé en décembre 2008 dans un article publié par *Tangram*[5], bulletin de la *Commission fédérale contre le racisme* (ci-après: CFR), un pluralisme juridique dans sa version faible qui consiste à "intégrer dans des secteurs spécifiques du droit positif d'autres mécanismes juridiques qui permettent de tenir compte de certaines diversités culturelles et socio-structurelles". Dans une interview à la NZZ[6], Giordano va encore plus loin en proposant que des tribunaux appliquant la charia soient reconnus en Suisse, de même que d'autres tribunaux religieux pour les immigrés. Ces tribunaux pourraient traiter des procès civils mais aussi pénaux, comme les cas de blessures corporelles. Concernant les jugements rendus selon la charia, Christian Giordano refuse les châtiments corporels: "Ils doivent être convertis en amendes. Les droits humains doivent naturellement être respectés devant un tribunal appliquant la charia en Suisse". Quant à la question de

---

[1] Ibid., p. 276-277.
[2] Voir l'article Rise of Sharia in Canada sparks protests, 9 sept. 2005, dans le site Timesonline: http://www.timesonline.co.uk/tol/news/world/ us_and_americas/article564685.ece.
[3] En février 2008, l'archevêque de Canterbury et chef de l'Église anglicane, Rowan Williams, s'est dit favorable à l'instauration de la Shari'ah dans son pays. Ces propos ont été salués par la plupart des musulmans et fortement critiqués par les milieux chrétiens et les autorités britanniques ainsi que par certains musulmans. Voir: Full text of Archbishop's Lecture - Civil and Religious Law in England: a religious perspective, 8 février 2008, dans le site Timesoline: http://www.timesonline.co. uk/tol/comment/faith/article3333953.ece.
[4] Voir à cet égard: Islam in the European Union: What's at Stake in the Future?, European Parliament, Policy Department Structural and Cohesion Policies, May 2007. Texte disponible sur le site Challenge, liberty & Security: http://www.libertysecurity.org/IMG/pdf_ Islam_in_Europe _ EN.pdf.
[5] Il pluralismo giuridico: uno strumento legale nella gestione del multiculturalismo? Tangram, no 22, décembre 2008, p. 74-76, dans: http: //www.ekr.admin.ch/shop/00008/00068/index.html?lang=fr.
[6] NZZ am Sonntag, 28 décembre 2008: Scharia-Gerichte in der Schweiz? http://www.nzz.ch/nachrichten/schweiz/scharia-gerichte_fuer_die_schweiz_1.1606772.html.

la polygamie, il dit qu'il n'est pas certain qu'on puisse appliquer les normes islamiques en la matière, et il s'agit d'une question délicate qui nécessite clarification de fond.

Cette proposition a provoqué un tollé général dont nous donnons ici quelques échos. Thomas Wipf, Président de la fédération des églises protestantes en Suisse, l'a rejetée[1]: "Puisque nous sommes une société multiculturelle, il faut un système de droit commun. Ceci est primordial pour l'intégration et la cohésion de la société". Il estime en outre que, sur le plan du droit de la famille, les femmes seraient les premières victimes de l'introduction de tribunaux musulmans. "Dans notre société, nous avons atteint l'égalité entre les hommes et les femmes. Ce principe n'est pas négociable".

Thomas Kessler, le délégué à l'intégration à Bâle[2], parle d'une dangereuse relativisation de l'État de droit. Dans le même article, le conseiller national UDC, Walter Wobmann, estime que la publication de l'article de Giordano dans le bulletin du CFR démontre le caractère unilatéral et dangereux de cette commission dont il demande la suppression. Pour lui, cet article apporte de l'eau au moulin de son parti.

L'avocat Charles Poncet[3] estime que si l'on donnait aux musulmans le droit de divorcer devant un tribunal musulman, ce même droit devrait alors être reconnu aux catholiques. Or, "depuis 1991, le code civil suisse reconnaît le divorce alors qu'à l'époque le catholicisme du Syllabus le tenait pour satanique. En d'autres termes, pourquoi les musulmans d'aujourd'hui auraient-ils ce que la Suisse dénia aux catholiques d'avant-hier?" Et Poncet de relever le danger d'une telle proposition: "Sous couvert de pensée libérale, votre marotte saugrenue remet en cause le principe fondateur d'une démocratie véritable: la loi est la même pour tous. Elle tient aujourd'hui, dans ce pays, les sexes pour égaux en droit et elle a bien raison quand on voit la condition de la femme ailleurs. Remettre en cause cette conquête au nom d'un pluralisme de pacotille serait la pire des folies".

Du côté musulman, certains étaient plutôt favorables à la proposition de Giordano. Selon Hisham Maizar, président de la Fédération des organisations islamiques de Suisse[4] la reprise de certaines parties de la charia serait une démarche raisonnable. Toutefois, la discussion politique vient au mauvais moment, vu les débats actuels sur le terrorisme, les cours de natation et l'initiative populaire anti-minarets. Actuellement, il faudrait plutôt limiter le nombre de questions ouvertes. Farhad Afshar, professeur de sociologie à l'Université de Berne et Président de l'Organisation faîtière pour la Coordination des organisations islamiques en Suisse[5], salue

---

[1]   NZZ am Sonntag, 18 janvier 2009: Der Vorschlag ist absolut falsch,:
      http://www.nzz.ch/nachrichten/schweiz/der_vorschlag_ist_absolut_falsch_1.1718136.html.
[2]   Tagesanzeiger, 29 déc. 2008: Freiburger Professor will Scharia einführen,
      http://www.tagesanzeiger.ch/schweiz/standard/Freiburger-Professo r-will-Scharia-einfuehren/story/15342529.
[3]   L'Hebdo, 15 janvier 2009: La lettre ouverte de Charles Poncet à Christian Giordano, p. 55.
[4]   NZZ am Sonntag du 28 décembre 2008: Scharia-Gerichte in der Schweiz?
      http://www.nzz.ch/nachrichten/schweiz/scharia-gerichte_fuer _die_schweiz_1.1606772.html.
[5]   NZZ am Sonntag du 28 décembre 2008: Scharia-Gerichte in der Schweiz?

cette prise de position. Il signale que l'Iran, son pays d'origine, connaît depuis des siècles de tels ordres juridiques parallèles pour les musulmans, chrétiens et juifs. À terme, la Suisse ne pourra pas éviter de tels ordres juridiques parallèles. Ainsi, il recommande une reprise rapide de la charia pour la Suisse, avec quelques aménagements spécifiques à la Suisse. Fatih Dursun,[1] membre du comité de l'Union des organisations musulmanes à Zurich et représentant musulman au sein de la CFR, estime qu'il faut tenir compte des spécificités culturelles et religieuses des minorités. Il ajoute que si le pluralisme juridique n'est pas un modèle pour la Suisse, le système suisse doit au moins être assez flexible et admettre la multiplicité culturelle et religieuse et, reconnaître des réclamations différentes qui en découlent, permettant ainsi par exemple des dispenses des cours de natation pour les élèves musulmans.

Le débat suscité dans les médias par l'article de Giordano, paru dans le bulletin officiel de la CFR, a mené cette dernière à prendre position[2]. Elle "déplore l'instrumentalisation qui est faite de cet article. Il s'agit d'un texte à caractère scientifique dans lequel l'auteur ne parle pas spécifiquement des musulmans et ne dit nulle part qu'il faut instaurer la charia en Suisse. Il est par conséquent erroné d'accuser la CFR, en s'appuyant sur une contribution rédigée par une personne externe à celle-ci, de favoriser l'instauration de juridictions parallèles et de dispositions étrangères à notre législation. Au contraire, la CFR se réfère toujours à la Constitution et aux droits fondamentaux dans ses prises de positions". Défendant son membre musulman Fatih Dursun, la CFR écrit: "Les membres de la CFR défendent au sein de la commission les opinions des organisations qu'ils représentent, mais celles-ci ne doivent pas nécessairement concorder avec celles de la CFR. La CFR tient à assurer le membre musulman de son entière confiance". Georg Kreis, Président de la CFR, tout en distançant de la position de Giordano, a aussi défendu Fatih Dursun, que certains ont qualifié de "Taliban".

Comme on le voit, l'idée de l'application du droit musulman et la création de tribunaux musulmans suscite des réactions passionnelles que certains essaient de relativiser. Reinhard Schulze[3], professeur d'études islamiques à l'Université de Berne, estime que la proposition de Giordano est un ballon d'essai d'un individu isolé qui ne tardera pas à disparaître. Selon lui, Giordano soulève un débat qui est depuis longtemps clos dans le reste du monde occidental. L'analyse du Professeur Schulze nous semble cependant trop optimiste et ne tient pas compte du fait que la revendication musulmane appuyée par Christian Giordano trouve son fondement en droit musulman.

---

    http://www.nzz.ch/nachrichten/schweiz/scharia-gerichte_fuer _die_schweiz_1.1606772.html.

[1]   Tages Anzeiger, 19 janvier 2009: Rassismuskommission hat Ärger mit eigenem Muslim-Vertreter: http://www.tagesanzeiger.ch/schweiz /standard/Rassismuskommission-hat-rger-mit-MuslimVertreter/story/ 23684179.

[2]   La CFR est favorable à un débat franc et sans accusations, 23 janvier 2009: http://www.news.admin.ch/message/index.html?lang=fr&msg-id = 25013.

[3]   Tagesanzeiger, 29 déc. 2008: Freiburger Professor will Scharia einführen, http://www.tagesanzeiger.ch/schweiz/standard/Freiburger-Profes sor-will-Scharia-einfuehren/story/15342529.

En tout cas, le désir de certains musulmans de voir appliquer leur droit par des tribunaux musulmans et la proposition de Giordano se heurtent à la sécularisation par la Suisse de son système judiciaire, même si la Constitution de 2000 semble s'en détourner. En effet la Constitution de 1874 comportait deux dispositions, l'une concernant l'état civil, et l'autre concernant les tribunaux, dont le but était de priver les communautés religieuses de leurs compétences dans ces deux domaines. Concernant l'état civil, l'article 53 al. 1 disposait:

> L'état civil et la tenue des registres qui s'y rapportent sont du ressort des autorités civiles. La législation fédérale statuera à ce sujet les dispositions ultérieures.

Concernant les tribunaux, l'article 58 al. 2 disposait: "La juridiction ecclésiastique est abolie". Malencontreusement ces deux dispositions ont disparu de la Constitution de 2000, sans que le message fédéral ne nous fournisse la raison de leur disparition. Ce qui risque d'être mal interprété par les personnes favorables à l'établissement de tribunaux musulmans.

Non seulement la revendication des musulmans et la proposition de Giordano se heurtent à la sécularisation du système judiciaire suisse, mais aussi aux normes matérielles suisses dans de nombreux domaines, à commencer par le droit de la famille et des successions. C'est ce que nous verrons dans le chapitre suivant.

Chapitre 4.
Droit de la famille et des successions

Le droit de la famille et des successions est le domaine juridique le plus marqué par les normes religieuses chez les musulmans. Il est passé en Suisse progressivement des mains des autorités religieuses aux mains des autorités civiles. Pour les musulmans, ce domaine relève de leur foi. C'est aussi un domaine où ont lieu des discriminations sur la base de l'appartenance religieuse et sexuelle, et donc des conflits entre les normes musulmanes et les normes suisses. Nous passons rapidement sur les principaux problèmes. Nous produisons dans les annexes un modèle de contrat de mariage mixte entre musulmans et non-musulmans visant à prévenir les problèmes.

1. Célébration du mariage

Dans la plupart des pays musulmans, une autorité religieuse ou une autorité civile avec connotation religieuse célèbre généralement le mariage. Bien que ces pays insistent de plus en plus sur la nécessité d'inscrire le mariage dans un registre de l'État, ils admettent encore aujourd'hui le mariage dit coutumier qui est établi en présence de deux témoins, aussi longtemps qu'il n'est pas contesté de la part des deux époux.

En Suisse, le mariage est une institution laïque. La célébration du mariage ressort de la compétence exclusive des officiers de l'état civil, quelle que soit la religion ou la nationalité des conjoints. Il est interdit aux représentants diplomatiques et consulaires étrangers en Suisse de célébrer un mariage, quelle que soit la nationalité ou la religion des conjoints. De même, le mariage religieux ne peut précéder le mariage civil (art. 97 alinéa 3 CCS). Le mariage religieux constitue une formalité facultative qui n'a aucune conséquence juridique. Il arrive cependant que des conjoints se marient en Suisse uniquement devant un imam[1], sans avoir conclu au préalable un mariage civil. Le droit suisse ne reconnaît pas un tel mariage, ce qui peut avoir des conséquences désagréables, notamment pour la femme délaissée par son conjoint. Par ailleurs, l'imam s'expose à des sanctions pénales et peut même se voir retirer le permis de séjour.

2. Empêchement religieux au mariage

Le droit musulman connaît l'empêchement au mariage pour cause de religion. Les normes y relatives se résument comme suit:

- Contrairement aux musulmans chiites, les musulmans sunnites admettent le mariage d'un musulman avec une non-musulmane monothéiste (juive ou chrétienne). La femme monothéiste non-musulmane peut garder sa foi en épousant un musulman sunnite, mais celui-ci ne cache en règle générale pas son souhait qu'un tel mariage finisse par la conversion de la femme à l'islam. Même en

---

[1] Cette situation a amené l'Office fédéral de l'état civil à adresser une lettre circulaire le 9 juillet 1999 à plus de 120 communautés musulmanes en Suisse et aux autorités cantonales de surveillance en matière d'état civil, dans laquelle il les met en garde contre cette manière d'agir.

l'absence de pression, la femme se sentira pratiquement contrainte de devenir musulmane si elle ne veut pas être désavantagée sur le plan successoral et sur le plan de la garde des enfants.

- Les musulmans chiites n'admettent que le mariage d'un musulman avec une musulmane. Si un musulman épouse une chrétienne, celle-ci doit préalablement se convertir à l'islam, sans cela son mariage n'est pas reconnu.

- Une musulmane ne peut épouser qu'un musulman. Le non-musulman, quelle que soit sa religion, qui veut épouser une musulmane, doit préalablement se convertir à l'islam.

- Si une femme non-musulmane mariée à un non-musulman devient musulmane, son mariage est dissous sauf si son mari accepte de la suivre dans sa nouvelle religion.

- Une personne qui quitte l'islam ne peut contracter un mariage. Si l'apostasie intervient après le mariage, celui-ci est dissous.

Les législations arabes ne font pas toujours mention des principes susmentionnés. De ce fait, c'est le droit classique qui reste en vigueur. C'est le cas, par exemple, de l'Égypte dont les tribunaux se réfèrent dans ce domaine au code officieux de Qadri Pacha (d. 1888)[1]. Le Kuwait nous offre les dispositions les plus développées dans ce domaine:

Article 18 - N'est pas conclu le mariage:

1) de la musulmane avec un non-musulman;

2) d'un musulman avec une non scripturaire;

3) de l'apostat ou de l'apostate qui quitte l'islam, même si l'autre conjoint est non-musulman;

Article 143 - 1) Lorsque les deux époux non-musulmans se convertissent simultanément à l'islam: leur mariage est maintenu;

2) Lorsque le mari se convertit à l'islam et que sa femme est monothéiste: le mariage est maintenu. Si par contre la femme est non monothéiste, elle est invitée à devenir musulmane. Au cas où elle se convertit à l'islam ou à une religion monothéiste, le mariage est maintenu; si elle refuse, le mariage est dissous;

3) lorsque la femme devient musulmane: son mari est invité à devenir musulman s'il est capable de le devenir. Au cas où il se convertit à l'islam, le mariage est maintenu; s'il refuse, le mariage est dissous. Lorsque le mari est incapable, le mariage est dissous immédiatement, si la conversion de la femme à l'islam a lieu avant la consommation du mariage. Au cas où sa conversion a lieu après la consommation, le mariage est dissous après la fin de la retraite.

Article 144 - 1) Pour le maintien du mariage dans les cas précédents, il faut qu'il n'y ait pas entre les époux une cause d'interdiction prévue par la présente loi.

---

[1] Muhammad Qadri Pacha: Code du statut personnel et des successions d'après le rite hanafite, Codes égyptiens et lois usuelles en vigueur en Égypte, le Caire, 51e éd., 1939.

2) Dans tous les cas, il n'est pas permis de rechercher la bonne foi de celui qui se convertit à l'islam, ni les motivations de sa conversion.

Article 145 - 1) Si le mari apostasie, le mariage est dissous. Mais s'il apostasie après la consommation du mariage et qu'il revient à l'islam pendant la retraite de la femme, la dissolution est annulée et la vie conjugale est rétablie.

2) Si la femme apostasie, le mariage n'est pas dissous.

En Suisse, l'article 54 alinéa 2 de la Constitution de 1874 stipulait: "Aucun empêchement au mariage ne peut être fondé sur des motifs confessionnels...". L'article 14 de la Constitution de 2000 se limite à dire: "Le droit au mariage et à la famille est garanti", mais l'idée de base reste la même. L'empêchement religieux au mariage prévu par le droit musulman n'est donc pas admissible en Suisse. Une musulmane peut toujours y épouser un non-musulman. Dans certaines communautés traditionnelles, elle risquerait cependant d'être kidnappée, voire tuée par ses parents et ses coreligionnaires[1]. Pour éviter ces problèmes, de nombreux hommes suisses se convertissent à l'islam pour la forme, sans trop se rendre compte des conséquences juridiques de leur acte.

Dans un colloque organisé à Berne le 26 novembre 1998, j'ai demandé à Hafid Ouardiri, porte-parole de la *Fondation culturelle islamique*, si la Mosquée de Genève était d'accord de rejeter l'empêchement religieux musulman et de déclarer qu'une musulmane a le droit d'épouser un non-musulman[2]. Il a réagi violemment en disant qu'une telle déclaration ne sera jamais faite. J'ai posé la même question à Tariq Ramadan lors d'une conférence qui a eu lieu à Lausanne le 9 juin 1999[3]. Il a répondu par une pirouette en disant que le droit suisse n'oblige pas la fille musulmane à épouser un non-musulman. En fait, le problème n'est pas d'obliger une fille musulmane à épouser un non-musulman, mais de ne pas l'empêcher de le faire par des menaces de la part de sa famille ou de sa communauté religieuse. Loin de condamner l'interdiction du mariage d'une musulmane avec un non-musulman, Tariq Ramadan cherche à la justifier. Il écrit:

> La question du mariage mixte pour les musulmans est à considérer sous l'angle de la conception et de la philosophie de la famille telles qu'elles se traduisent dans l'enseignement de l'islam. Le principe, dans le mariage, est l'égalité des êtres et la complémentarité des rôles et des fonctions.

> L'homme a le devoir de subvenir aux besoins de la famille et, en ce sens, il a la responsabilité de l'entretien du foyer. La femme a le droit de ne pas subvenir à ses besoins matériels: c'est un droit, ce n'est pas un devoir (comme certains musulmans le présentent parfois), et rien n'empêche une femme de travailler.

---

[1] En novembre 1996, un Suisse chrétien a épousé en Suisse une Tunisienne musulmane. Deux frères de cette dernière l'ont kidnappée en menaçant son mari avec une arme. Ils furent arrêtés par la police qui a libéré la femme. Mais le mari et sa femme ont peur. La femme a en effet trois autres frères en liberté (24 Heures, 13.11.1996).

[2] Le colloque était organisé par l'Association suisse des journalistes catholiques. Il avait pour titre: "Musulmans et chrétiens en Suisse: quelles relations?"

[3] La conférence était organisée par l'Association Mosaïque de l'Université de Lausanne. Elle avait pour titre: "Est-ce qu'on peut vivre l'islam en Suisse?"

Dans l'espace familial, il y a en islam l'idée d'un droit de la femme qui peut la mettre, sur le plan financier, dans une situation de dépendance plus ou moins relative.

Cette situation explique, au niveau de la philosophie générale, pourquoi, en islam, un homme musulman peut épouser une femme des *Gens du Livre*, chrétienne ou juive, puisque c'est un devoir pour lui de respecter la foi et la pratique de sa femme et de subvenir à ses besoins. L'inverse n'est pas possible; une femme musulmane ne peut épouser un homme d'une autre religion parce qu'elle pourrait se trouver dans une situation où le responsable du foyer ne reconnaît pas sa foi, sa pratique et les exigences générales et particulières de sa religion. La latitude de la dépendance possible est plus importante dans ce sens avec, de surcroît, le fait que le musulman reconnaît la foi juive et chrétienne mais un chrétien ou un juif ne considère pas la révélation de l'islam comme authentique[1].

On retrouve une justification similaire chez son frère Hani Ramadan, directeur du *Centre islamique* de Genève:

Un non-musulman ne croit pas en la prophétie de Muhammad. Il aura donc beaucoup de mal à partager les sentiments religieux de son épouse. L'éducation des enfants lui posera un problème. Au contraire, le musulman, s'il prend pour femme une juive ou une chrétienne, reconnaît pleinement la prophétie de Moïse ou de Jésus. Il devra non seulement respecter la croyance de sa femme, mais aussi lui donner les moyens de vivre en conformité avec ses convictions. Certains juristes musulmans sont allés même jusqu'à affirmer qu'il aura l'obligation de conduire son épouse jusqu'à son lieu de culte (église ou synagogue) si celle-ci le désire. Quelle meilleure preuve de tolérance?[2]

Les Frères Ramadan oublient que la Constitution suisse garantit à la femme musulmane qui épouse un chrétien le respect de sa religion. En ce qui concerne l'éducation des enfants, elle doit être décidée en Suisse par les deux conjoints, alors qu'en droit musulman, elle est décidée par le seul partenaire musulman.

On peut à cet égard comprendre la réticence des responsables religieux musulmans à dénoncer la discrimination religieuse musulmane dans ce domaine. S'ils le faisaient, ils risqueraient de se voir désavouer par leur communauté, ou tout au moins de perdre le soutien financier des pays musulmans. Par contre, on ne comprend pas pourquoi la *Commission fédérale contre le racisme* ne dénonce pas cette norme discriminatoire.

3. Mariage temporaire ou de jouissance

Le droit musulman chiite connaît une forme de mariage dit *zawaj al-mut'ah* (litt.: mariage de jouissance) souvent traduit par mariage temporaire. Ce genre de mariage est expressément prévu dans le Code civil iranien[3]. Selon ce code, le mari peut, en plus des quatre épouses régulières, prendre d'autres femmes en mariage

---

[1] Neirynck et Ramadan, op. cit., p. 121.
[2] Ramadan: Articles sur l'islam et la barbarie, op. cit., p. 50.
[3] Articles 1075, 1076, 1077, 1095, 1097, 1113, 1120, 1139, 1151, 1152.

temporaire. Cette union peut durer aussi bien une seule heure, que plusieurs années. Certains n'hésitent pas à qualifier ce mariage de prostitution. Toutefois, il existe quelques rares penseurs sunnites qui estiment que ce mariage constitue une solution à un problème réel, notamment pour les jeunes musulmans qui vivent en Occident. C'est le cas de Jamal Al-Banna, frère cadet de Hassan al-Banna, et oncle de Tariq Ramadan[1].

La Suisse, comme les autres pays occidentaux, connaît le problème des mariages blancs visant à faciliter l'obtention par des étrangers du permis de séjour et de la nationalité. Mais à notre connaissance ni les tribunaux ni la doctrine suisses ne se penchèrent sur le mariage temporaire. Certes, le mariage n'est plus ce qu'il était, une alliance perpétuelle comme l'enseigne toujours l'Église catholique. Personne ne peut obliger deux conjoints de rester unis jusqu'à la mort de l'un d'eux. Mais un mariage qui est limité d'avance dans le temps ne saurait être admis en droit suisse, tout au moins avec la condition du terme. Et, dans tous les cas, un mariage ne peut être conclu par quelqu'un qui est déjà marié puisque le mariage polygame est interdit en Suisse. D'autre part, le droit suisse ne permet pas la dissolution du mariage en dehors d'une procédure judiciaire.

4. Polygamie

Le Coran limite le nombre des femmes que l'homme peut épouser à quatre à la fois. Il recommande cependant de ne prendre qu'une seule femme si on craint de ne pas être équitable avec elles (4:3), tout en ajoutant: "Vous ne pourrez jamais être justes parmi vos femmes, même si vous y veillez" (4:129). La polygamie est défendue en Tunisie et en Turquie. Dans ce dernier pays, cependant, la polygamie est encore pratiquée et l'État promulgue périodiquement des décrets pour légitimer les enfants issus des mariages polygamiques non reconnus. Des mesures ont été prises par certains législateurs arabes limitant la polygamie sur la base des versets coraniques susmentionnés. Ces mesures varient d'un État à l'autre et peuvent être résumées comme suit:

- la femme peut inclure une clause de non remariage lui donnant le droit de demander le divorce si le mari épouse une autre;
- la femme peut demander le divorce en cas de remariage même en l'absence de la clause contractuelle;
- le mari qui entend épouser une deuxième, troisième ou quatrième femme doit remplir certaines conditions soumises à l'appréciation du juge.

À titre d'exemple, le code de statut personnel de la Jordanie permet à la femme d'inclure dans le contrat une clause interdisant au mari de se remarier avec une autre. Cette clause n'empêche pas le mari de conclure un nouveau mariage, mais donne à la femme le droit de dissoudre le mariage (article 19). Une telle clause n'est pas prévue comme telle dans le code syrien, mais elle peut découler de l'article 14 qui traite des conditions limitant la liberté de l'époux. L'article 17 permet

---

[1] Voir l'interview dans Al-Ahram al-'arabi, 28 août 2004:
http://arabi.ahram.org.eg/arabi/ahram/2004/8/28/HYAH4.HTM.

au juge de ne pas autoriser le mari à épouser une autre femme "sauf s'il a une raison légale et qu'il peut subvenir aux dépenses".

En Suisse, la polygamie est contraire au principe de l'égalité affirmé par l'article 8 de la Constitution de 2000. En outre, elle constitue un délit punissable en vertu de l'article 215 du Code pénal qui stipule:

> Celui qui, étant déjà marié ou lié par un partenariat enregistré, aura contracté mariage ou conclu un partenariat enregistré.

> celui qui aura contracté mariage ou conclu un partenariat enregistré avec une personne déjà mariée ou liée par un partenariat enregistré

> sera puni d'une peine privative de liberté de trois ans au plus ou d'une peine pécuniaire.

Il arrive qu'un étranger déjà marié dans son pays d'origine épouse une Suissesse en cachant son premier mariage pour obtenir le permis de séjour. Une fois le permis obtenu, il divorce et fait venir sa première femme. Il est aussi arrivé qu'un Suisse contracte un mariage à l'étranger et ensuite, sans déclarer le premier mariage, contracte un autre mariage en Suisse, le premier mariage ne faisant surface qu'avec l'intervention du premier conjoint[1]. Le deuxième mariage dans ce cas tombe sous le coup de la loi et est nul. En effet, la bigamie est punissable même si le premier mariage a été contracté à l'étranger, pourvu qu'il ait été reconnu par le droit suisse[2].

Loin de condamner la polygamie, Hani Ramadan, directeur du *Centre islamique* de Genève, fait un plaidoyer en sa faveur:

> L'islam n'impose pas aux hommes de vivre selon des normes qu'ils seraient incapables de respecter. L'islam ne reconnaît pas à la nature humaine plus de vertu qu'elle n'en possède. Plutôt que d'imposer une monogamie théorique, qui recèle très souvent l'adultère, la loi islamique a autorisé la polygamie en la limitant et en la codifiant.

> C'est avoir l'esprit bien mal tourné que de critiquer négativement la polygamie parce qu'elle rend légale une situation de fait, tout en admettant que les hommes puissent vivre dans l'ombre et illégalement quelques aventures extra-conjugales.

---

[1] Toni Siegenthaler: Fascination des mers du sud et mariage, problèmes de la bigamie et de tenue des registres, in: Revue de l'état civil, 1985, p. 295-298.

[2] Message concernant la modification du Code pénal et du Code militaire du 26.6.1985, Feuille fédérale 1985 II 1068. En juin 2001, la presse a rapporté le cas d'un marocain installé à Lausanne depuis 1987 qui a épousé une Suissesse et obtenu la nationalité suisse en 1995. Il avait caché à tout le monde qu'il avait une autre femme et deux filles au Maroc. Une année après le divorce de sa femme suisse, il a officiellement demandé le regroupement familial afin de faire venir sa première femme et ses deux filles du Maroc. L'administration a ainsi découvert son statut de polygame. La réaction de l'Office fédéral des étrangers ne s'est pas fait attendre. Quatre mois plus tard, il prononçait l'annulation de la naturalisation au motif qu'il "avait dissimulé des faits essentiels qui auraient conduit au refus de la naturalisation facilitée". Deux mois et demi plus tard, c'était au tour du Service de la population du canton de Vaud de lui refuser une autorisation de séjour (Le Matin, 16.6.2001).

Quelle situation est préférable pour la femme? Être prise et rejetée au gré et au hasard des rencontres, ou bien être à la charge – selon des dispositions légales – d'un mari officiellement reconnu et responsable?[1]

Le lecteur intéressé pourra se référer, pour d'autres arguments, à la brochure de Hani Ramadan[2]. Il suffit ici de dire que la polygamie n'a jamais été un garant de la fidélité des hommes dans les pays musulmans. Et à supposer que tel soit le cas, ne faut-il pas que Hani Ramadan plaide aussi pour la polyandrie afin d'empêcher l'infidélité des femmes? S'il ne s'aventure pas dans cette voie, c'est parce que le droit musulman n'admet pas une telle institution.

5. Dissolution du mariage

Le droit musulman prévoit principalement trois manières de dissoudre le mariage: la répudiation, le rachat et le divorce judiciaire. Ce dernier ne posant pas de problème, voyons les deux premiers.

La répudiation est le droit reconnu à l'homme musulman, et à lui seul, de mettre fin au mariage par une déclaration de volonté unilatérale, sans justification et sans passer devant un tribunal.

La femme peut négocier avec son mari une répudiation contre versement d'une somme d'argent. Certains qualifient ce procédé de "divorce par consentement mutuel". Le terme "rachat" serait plus approprié. En effet, le Coran utilise le terme *iftadat* (2:229) qui évoque la rançon payée pour la libération d'un captif. Même si la femme exprime ici sa volonté de mettre fin au mariage, le mari reste maître de la situation: sans son accord, le mariage ne peut être dissous. Le rachat peut même être une modalité bien plus sévère que la répudiation, dans la mesure où il permet au mari d'exercer une pression psychologique et financière sur son épouse.

Les pays musulmans ont essayé de tempérer l'abus des hommes en se basant sur le Coran qui interdit au mari de reprendre sa femme répudiée avant qu'elle n'ait été mariée avec un autre et que ce dernier mariage n'ait été dissous (2: 230). En Égypte, l'article 28 du code de Qadri Pacha dit:

> Le mari qui aura répudié définitivement ou trois fois sa femme libre ne pourra la reprendre qu'après qu'elle aura été légitimement mariée et que le second mari l'aura répudiée à son tour ou sera décédé après la consommation du mariage, et qu'elle aura laissé écouler le délai prescrit pour la retraite.

Une norme similaire se retrouve dans les codes marocain (article 39), syrien (article 36), jordanien (article 30), irakien (article 13), yéménite (article 26), etc. Le mari, cependant, parvient à détourner cette norme en se mettant d'accord avec quelqu'un (*hallal*) pour qu'il épouse sa femme et la divorce sans consommer le mariage.

Un autre moyen pour limiter la répudiation consiste à imposer le passage devant le juge qui tente de concilier les époux. Ceci se base sur le Coran qui dit: "Si vous craignez la dissension entre les deux [époux], suscitez un juge de ses gens à lui, et

---

[1]   Hani Ramadan: La femme en islam, Éditions Maison d'Ennour, Paris, 1996, p. 32-33.
[2]   Ibid., p. 35-38.

un juge de ses gens à elle. Si les deux veulent la réconciliation, Dieu rétablira la concorde parmi eux" (4:35).

Enfin, certains pays prévoient le paiement d'une indemnité en cas de répudiation abusive. Ainsi, la Jordanie accorde à la femme une indemnité sous forme de pension d'un an à trois ans, selon les moyens du mari. Cette pension peut être payée en acomptes s'il est pauvre, ou en capital s'il est riche (article 134). La Syrie accorde aussi une pension jusqu'à trois ans (article 117).

Le divorce judiciaire des musulmans obtenu à l'étranger ne pose pas de problème en Suisse. Quant à la répudiation et au rachat, ils sont interdits en Suisse du fait que seul le juge peut prononcer un divorce. En raison du relâchement de la procédure de divorce en Suisse, devenue aussi simple que la répudiation musulmane en cas de consentement mutuel des deux conjoints, la doctrine et les tribunaux suisses sont partagés face à la reconnaissance de la répudiation faite à l'étranger, notamment lorsqu'il y a consentement des deux parties[1].

Il arrive que des musulmans vivant en Suisse répudient ou divorcent à l'amiable devant un imam ou un consulat d'un pays musulman en Suisse. Une telle procédure n'est pas admise en Suisse et le couple reste marié aux yeux des autorités[2]. Dans un de ces cas, passé devant la mosquée de Genève en présence de deux témoins musulmans, la femme n'a pas hésité à se tourner contre le mari afin de revendiquer une part de sa propriété immobilière, acquise par celui-ci alors qu'il pensait que son mariage était définitivement dissous. Malgré l'accord écrit réglant les questions financières entre les deux conjoints, la femme a invoqué la nullité de ce divorce tant qu'il n'aura pas été prononcé par les tribunaux suisses.

La conclusion et la dissolution du mariage devant un imam en Suisse, en violation de la loi suisse, impliquant parfois des partenaires suisses, peuvent découler de l'ignorance de la loi suisse: les imams et les musulmans venus de pays qui acceptent le mariage religieux et la répudiation pourraient penser que la situation est la même en Suisse que dans leurs pays. Mais il peut également s'agir d'une volonté de frauder la loi suisse. Un musulman étranger qui se marie civilement en Suisse, obtenant ainsi le permis de séjour, risque son renvoi dans son pays si le mariage est dissous par les tribunaux suisses. Il est alors tenté de dissoudre le mariage devant un imam sans pour autant mettre en danger son séjour en Suisse.

Il est aussi probable que certains musulmans cherchent à frauder la loi musulmane. Hors du mariage, le droit musulman et les coutumes sociales interdisent aux garçons et aux filles d'avoir des rapports sexuels ou même de se fréquenter. La fille doit arriver au mariage vierge. Pour neutraliser ces normes en Suisse, certains recourent au mariage religieux conclu devant un imam avec l'autorisation des parents, qui pensent qu'un tel mariage est valable. Une fois obtenu de la fille ce qu'il a voulu, le jeune homme l'abandonne, parfois enceinte. Et c'est le drame. Pour en

---

[1]   Favorable: Andreas Bucher: Droit international privé suisse, Personnes, Famille, Successions, vol. 2, Helbing et Lichtenhahn, Bâle et Francfort-sur-le-Main, 1992, tome II, p. 200; opposé: Bernard Dutoit: Commentaire de la loi fédérale du 18 décembre 1987, Helbing et Lichtenhahn, Bâle, Francfort-sur-le-Main, 2e édition, 1997, p. 173.

[2]   Office fédéral de la justice, avis non publié du 15.6.1984.

sortir, la famille pousse les deux conjoints à procéder à la répudiation devant un imam pour sauver la face, et ainsi on ne peut reprocher à la fille la perte de sa virginité. Ce même procédé peut avoir lieu lorsqu'un musulman fréquente une fille musulmane hors mariage mais décide de s'en séparer. Avant de se séparer, il l'épouse devant l'imam; quelque temps après, il la répudie, lui faisant ainsi une dernière faveur.

6. Relations entre parents et enfants

En droit musulman, on distingue entre le droit de garde (*hadanah*) et la puissance paternelle (*wilayah*). Les normes des États musulmans se ressemblent sur les points essentiels: la mère obtient la garde de l'enfant pendant une période limitée, garde réduite si la mère n'est pas musulmane, ou supprimée si la mère apostasie. La puissance paternelle reste entre les mains du père. Les enfants doivent être élevés dans la religion musulmane. Les parents n'ont pas d'autre choix si l'un d'eux est musulman, et l'enfant ne peut pas opter pour une autre religion une fois majeur. En cas d'apostasie du père, celui-ci perd aussi bien la puissance paternelle que la garde.

En Égypte, le code officieux de Qadri dit que "la mère ou toute autre *hadinah* (femme chargée de la garde) chrétienne ou juive a le droit de garder l'enfant jusqu'à ce qu'il soit capable de discernement en matière de religion, à moins que le père ou le tuteur ne craigne qu'elle n'inspire à l'enfant une autre foi que la foi musulmane" (article 381). Celle-ci ne doit pas être apostate (article 382). En l'absence de femmes pouvant exercer la garde de l'enfant, ce droit est attribué à un homme qui doit être de la même religion que l'enfant, donc musulman. L'homme et la femme apostats ne peuvent dans ce cas avoir la garde de leurs enfants (article 385).

La loi du Kuwait dit que "la femme non musulmane a le droit de se voir attribuer la garde de l'enfant musulman, et ce jusqu'à ce qu'il soit capable de discernement en matière de religion, à moins qu'on craigne qu'il s'habitue à une autre religion que l'islam, même s'il est incapable de discernement en matière de religion. Dans tous les cas, elle ne peut garder l'enfant au-delà de l'âge de sept ans" (article 192). Rappelons ici que l'article 194 de ce code fixe la garde pour le garçon jusqu'à sa maturité et pour la fille jusqu'à son mariage. L'article 190 de ce même code exige "la fidélité" comme condition pour se voir attribuer la garde de l'enfant. Le mémorandum ajoute "fidélité en matière de religion et des biens"[1]. L'allusion est claire.

En Suisse, d'après l'article 297 alinéa. 1 du Code civil, les père et mère exercent l'autorité parentale en commun. L'article 159 alinéa 2 prévoit que "les époux s'obligent mutuellement … à pourvoir ensemble à l'entretien et à l'éducation des enfants". L'article 303 précise que "les père et mère disposent de l'éducation religieuse de l'enfant" (alinéa 1). L'alinéa 3 ajoute que l'enfant "âgé de 16 ans révolus a le droit de choisir lui-même sa confession". Si les époux divergent d'avis, y compris dans ce domaine, il leur incombe de chercher un terrain d'entente. Ils peuvent, le cas échéant, recourir à un office de consultation ou solliciter l'aide médiatrice du juge (articles 171 et 172).

---

[1]   Al-Kuwait al-yom, n° 1570, p. 79.

Le problème se pose en particulier dans le cadre des mariages mixtes. Le mari musulman exige généralement que ses enfants soient éduqués dans la religion musulmane, exigence devant laquelle la conjointe non-musulmane s'incline souvent facilement. Dans le cas où les deux conjoints ne sont pas d'accord, le couple décide généralement de divorcer. Tel est le cas d'un couple mixte composé d'un musulman naturalisé suisse et d'une Suissesse chrétienne. Le père voulait à tout prix marquer son fils religieusement à travers la circoncision, mais la mère s'y est opposée. Les deux ont fini par divorcer et l'enfant fut attribué à la mère.

En ce qui concerne le pouvoir du père sur le mariage de ses enfants, les parents musulmans vivant en Suisse ne peuvent contraindre leurs enfants à se marier, et ils ne peuvent s'opposer à leur mariage, par exemple avec un non-musulman. Pour contourner la loi suisse, des parents musulmans renvoient leurs filles dans leur pays d'origine pour leur imposer un mariage arrangé par la famille. L'article 45 LDIP considère comme valable en Suisse le mariage conclu à l'étranger. Mais si un des deux conjoints est suisse ou domicilié en Suisse, un tel mariage, effectué sans le consentement des deux, ne saurait être reconnu. Ceci serait contraire à l'ordre public suisse (article 27 alinéa 1 LDIP). Un tel mariage est entaché d'une nullité relative. Signalons ici que le refus de la fille d'obéir aux ordres des parents a parfois des conséquences dramatiques pouvant aller jusqu'à la mort.

Un des problèmes les plus aigus est celui de l'enlèvement d'enfants. Aucun pays musulman n'a signé la Convention de la Haye sur les aspects civils de l'enlèvement international d'enfants.

7. Droit successoral

Le droit musulman comporte des normes discriminatoires à l'égard des femmes en matière successorale[1]. Cette discrimination tire son fondement du Coran qui octroie généralement aux fils le double de la part des filles, et au mari le double de ce que sa femme hérite de son mari prédécédé (4:11-13). On attribue cette discrimination au fait que les hommes ont plus de charges que les femmes. Ces justifications ne tiennent pas compte du fait que certaines femmes aujourd'hui subviennent aux besoins de leurs familles plus que les hommes.

Le droit musulman comporte aussi des normes discriminatoires pour cause d'appartenance religieuse. Ainsi, un musulman qui apostasie ne peut hériter de personne, et sa succession est ouverte de son vivant, notamment s'il abandonne son pays pour échapper à la justice. Seuls ses héritiers musulmans peuvent hériter de lui. S'il revient à l'islam, il récupère ses biens[2]. D'autre part, le musulman ne peut hériter d'un chrétien et vice-versa. Ainsi, si une non-musulmane épouse un musulman et met au monde des enfants (forcément musulmans selon le droit musulman), elle ne peut hériter de son mari ou de ses enfants. D'autre part, les enfants musulmans ne sauraient hériter de leur mère non-musulmane. Et si un chrétien devient musulman, seuls ses enfants qui deviennent musulmans peuvent hériter de lui. Seul moyen

---

[1]   Voir Sami A. Aldeeb Abu-Sahlieh: Les successions en droit musulman, cas de l'Égpyte: présentation, versets coraniques et dispositions légales, Thebookedition, Lille, 2009.
[2]   Ceci est prévu explicitement par l'article 294 du Code de la famille kuwaitien.

pour contourner cette règle: constituer un legs à concurrence d'un tiers de la succession en faveur de l'héritier privé de l'héritage pour raison de différence de religion. Les normes musulmanes en matière de succession incitent bon nombre de femmes non-musulmanes mariées à des musulmans à devenir musulmanes (pour la forme) afin de ne pas perdre leur part dans l'héritage de leur mari et pour que leurs enfants (en général musulmans) ne soient pas exclus de leur propre héritage.

En Suisse, l'article 8 de la Constitution de 2000 interdit la discrimination basée sur le sexe ou la religion. Ceci a son application en droit successoral, ce qui va à l'encontre des normes musulmanes. Lorsque le défunt a son dernier domicile en Suisse, les autorités suisses sont compétentes (article 86 alinéa 1 LDIP) et appliquent le droit suisse (article 90 alinéa 1 LDIP). Si le défunt est musulman, les normes musulmanes sont écartées de par la règle de conflits de lois. Le problème se pose lorsque le défunt a choisi dans son testament l'application du droit musulman de son État national, puisque le droit suisse permet de choisir la loi applicable (article 90 alinéa 2 LDIP). De même, si le défunt étranger a eu son dernier domicile dans son pays d'origine, les autorités suisses ne sont compétentes que s'il a laissé des biens immobiliers en Suisse et uniquement dans la mesure où les autorités étrangères ne s'occupent pas de la succession (article 88 alinéa 1). Dans ce cas, la succession est régie par le droit que désignent les règles de droit international privé de l'État dans lequel le défunt était domicilié (article 91 alinéa 1). Ici aussi, il est bien possible que le droit musulman soit applicable. Enfin, il faut tenir compte des conventions internationales, notamment de la Convention d'établissement entre la Suisse et l'Iran de 1934, prévoyant l'application du droit national du défunt.

Si les héritières sont d'accord pour l'application des normes musulmanes qui les discriminent, les autorités suisses appelées à partager la succession et les banques suisses sollicitées à transférer la succession aux héritiers ne doivent pas soulever d'office le caractère discriminatoire des normes musulmanes. Il ne faut pas être plus royaliste que le roi. Il devrait en aller autrement si les héritières réclament le respect du principe constitutionnel de l'égalité des sexes. Il faut en effet rappeler que de nombreuses voix dans le monde musulman réclament l'application d'une telle égalité en matière successorale[1].

---

[1] Voir Sami A. Aldeeb Abu-Sahlieh: Unification des droits arabes et ses contraintes, in: Conflits et harmonisation: mélanges en l'honneur d'Alfred E. von Overbeck, Éditions universitaires, Fribourg, 1990, p. 198-199. Opinion similaire dans: Al-Ashmawi, Muhammad Sa'id: Al-shari'ah al-islamiyyah wal-qanun al-masri, dirasah muqaranah, Maktabat Madbuli, le Caire, 1986, p. 35-53, et Shahrur, Muhammad: Al-Kitab wal-Qur'an, qira'ah mu'asirah, Sharikat al-matbu'at, Beyrouth, 1992, p. 458-459 et 602-603.

Chapitre 5.
Liberté de religion et de culte

La liberté de religion peut être invoquée dans de nombreux domaines. Nous nous limitons dans ce chapitre aux questions suivantes: liberté d'adhérer, marquage religieux, liberté d'expression, congés, prières, jeûne de Ramadan, mosquées et personnel religieux. Nous renvoyons le lecteur aux deux chapitres 7 et 8 en ce qui concerne l'abattage rituel et les cimetières.

1. Liberté d'adhérer

Le droit musulman encourage la conversion à l'islam, mais punit sévèrement l'abandon de l'islam. Deux États arabes prévoient expressément la peine de mort, à savoir la Mauritanie (article 306 du code pénal de 1984) et le Soudan (article 126 du code pénal de 1991), mais ailleurs l'apostat n'est pas plus en sécurité, pouvant être tué parfois par un membre de sa famille. Il ne peut se marier, son mariage est dissous, ses enfants sont pris de lui et sa succession est ouverte. Il ne peut accéder à la fonction publique. Il est aussi interdit de convertir quelqu'un qui est musulman. Un converti trouvera rarement un prêtre qui acceptera de le baptiser, et s'il le fait, ce sera toujours à la condition de garder le silence. Lorsque la conversion a lieu en Occident, on doute des intentions du converti: peut-être cherche-t-il à s'établir en Occident, ou à trouver du travail ou à épouser une chrétienne [1].

Ces normes islamiques qui préconisent une liberté à sens unique sont contraires aussi bien aux normes internationales qu'aux normes suisses. Affirmée par l'article 49 de la Constitution de 1874, la liberté de conscience et de croyance l'est aussi à l'article 15 de la Constitution de 2000.

En Suisse, chacun peut devenir musulman, et les musulmans pratiquent un prosélytisme parfois à outrance, y compris dans les prisons [2]. Les imams ne permettent de célébrer une cérémonie religieuse lors du mariage avec une musulmane que si l'homme se convertit à l'islam, et certains exercent aussi une pression pour que la femme chrétienne qui veut épouser un musulman devienne musulmane. Alors que les convertis à l'islam participent ouvertement à des émissions de radio et de télévision pour vanter les mérites de l'islam, jamais un chrétien d'origine musulmane n'a osé faire de même. Aucun responsable musulman n'a dénoncé la norme islamique concernant l'apostasie.

Interpellé à ce sujet par Jacques Neirynck, Tariq Ramadan essaie de l'expliquer de façon diplomatique:

> On dit souvent que l'islam l'interdit [l'apostasie] et l'on se réfère à l'avis de certains savants qui ont une analyse littérale et stricte d'une tradition du Prophète dans laquelle il affirme: "Celui qui change de religion, tuez-le". Ce type de lec-

---

[1] Aldeeb Abu-Sahlieh: L'impact de la religion sur l'ordre juridique, op. cit., p. 258-259; Jean-Marie Gaudeul: Appelés par le Christ, ils viennent de l'islam, Cerf, Paris, 1991, p. 298-313.

[2] Alain René Arbez: Détenus musulmans dans les prisons suisses, réflexions d'un aumônier catholique, avril 2000, p. 9-10.

ture existe et l'on ne peut nier que certaines autorités se soient tenues et/ou s'en tiennent encore au sens premier et littéral. D'autres savants au cours des siècles ont proposé une interprétation différente de ce *hadith* [récit] en faisant le travail de contextualisation nécessaire à sa compréhension… [Ils] ont mis en évidence le fait que celui ou celle qui quitterait sa religion par un acte de conviction personnelle sans chercher par la suite à trahir l'islam et les musulmans, d'une façon ou d'une autre, cet individu n'entre pas dans la catégorie visée par le *hadith* susmentionné. Ils s'appuient par ailleurs sur le verset coranique qui, sur ce point très précis, renvoie le jugement à Dieu seul. L'attitude requise est donc celle d'un minimum de respect de la religion que l'on quitte et de la sensibilité de ceux qui continuent à s'en prévaloir[1].

Tariq Ramadan ne précise pas en quoi consiste ce *minimum de respect*. Un musulman qui deviendrait chrétien devrait-il cacher sa nouvelle foi ou s'abstenir de la professer ouvertement par peur de blesser les musulmans?

Hani Ramadan, directeur du *Centre islamique* de Genève et frère de Tariq Ramadan, écrit:

Quant à l'apostasie, il est vrai qu'elle peut entraîner la condamnation à mort selon la loi islamique, mais la chose n'est envisageable que dans la mesure où la personne concernée manifeste ouvertement un comportement hostile et irrespectueux de la loi [islamique][2].

On serait ici curieux de savoir ce qui est entendu par "comportement hostile et irrespectueux de la loi". Ailleurs, Hani Ramadan écrit:

Il n'est pas juste de considérer que l'islam rend légitime "l'assassinat des apostats"…. [S]i un individu remet ouvertement en cause le fondement de l'État islamique, qui est la croyance en un Dieu unique, il devra s'exclure de la communauté musulmane majoritaire – ce qui ne lui sera pas interdit – ou il pourra choisir au contraire de s'y intégrer en évitant d'exprimer ostensiblement ses opinions qui seront un facteur de trouble, et nuiront à l'ordre public. Dans ce contexte, un musulman (ou une musulmane), qui après avoir apostasié, déclare ouvertement son hostilité à l'État islamique et à la communauté musulmane, peut effectivement être passible de la peine de mort. Le fait que ladite personne collabore avec un État étranger pour déstabiliser le pouvoir, fomenter des troubles ou entretenir la haine des uns et des autres, constitue une circonstance aggravante[3].

Ces explications sont loin d'être claires. Hani Ramadan entretient une confusion entre la trahison (punissable quelle que soit la religion de son auteur) et le changement de religion (qui relève de la liberté de conscience) pour égarer le lecteur. Il conviendrait de préciser si quelqu'un a le droit de changer sa religion et de manifester sa croyance en public, en toute liberté, sans subir de conséquences sur le plan

---

[1]   Neirynck et Ramadan, op. cit., p. 145.
[2]   Ramadan: Articles sur l'islam et la barbarie, p. 43 (Pas de contrainte en religion, affirme le Coran, article paru in: Tribune de Genève, 29.6.1993).
[3]   Ramadan: Articles sur l'islam et la barbarie, p. 48-49. Voir aussi p. 70-72.

pénal ou civil. La réponse est définitivement non en droit musulman et dans les pays musulmans. Inutile de le nier ni tenter d'user de circonvolutions.

2. Marquage religieux

En droit musulman, l'enfant dont un des parents est musulman est obligatoirement musulman, même si ses parents sont d'un avis contraire. Une fois adulte, l'enfant n'a pas le droit de changer de religion. Chez les chrétiens, on procède au baptême des enfants. Bien que selon la doctrine chrétienne le baptême empreigne une marque indélébile, elle ne laisse pas de trace physique comme la circoncision masculine pratiquée par les juifs, les musulmans et certains groupes chrétiens (100 % en Égypte et 60 % aux États-Unis). La circoncision féminine est aussi pratiquée chez les musulmans (selon des statistiques de 2005, 95.8 % des femmes égyptiennes âgées entre 15 et 45 sont circoncises[1]), les juifs falachas et certains groupes chrétiens (comme en Égypte). Ces groupes revendiquent ces coutumes au nom de la liberté religieuse et des droits culturels.

L'article 10 de la Constitution de 2000 stipule:

1) Tout être humain a droit à la vie…

2) Tout être humain a droit à la liberté personnelle, notamment à l'intégrité physique et psychique et à la liberté de mouvement.

3) La torture et tout autre traitement ou peine cruels, inhumains ou dégradants sont interdits.

L'article 122 du Code pénal précise:

Celui qui, intentionnellement, aura blessé une personne de façon à mettre sa vie en danger,

celui qui, intentionnellement, aura mutilé le corps d'une personne, un de ses membres ou un de ses organes importants ou causé à une personne une incapacité de travail, une infirmité ou une maladie mentale permanentes, ou aura défiguré une personne d'une façon grave et permanente,

celui qui, intentionnellement, aura fait subir à une personne toute autre atteinte grave à l'intégrité corporelle ou à la santé physique ou mentale,

sera puni d'une peine privative de liberté de dix ans au plus ou d'une peine pécuniaire de 180 jours-amende au moins

En apparence, ces dispositions, qui se trouvent dans pratiquement toutes les législations nationales, devraient suffire pour interdire la circoncision masculine et féminine en Suisse. Malheureusement, ni le législateur suisse ni le législateur international n'acceptent une telle conclusion. Ils ne condamnent que la circoncision féminine et se taisent devant la circoncision masculine, principalement pour une raison politique: la peur d'être taxés d'antisémitisme. La condamnation en Suisse de la circoncision féminine figure dans une déclaration de la *Commission centrale d'éthique médicale* de l'*Académie suisse des sciences médicales* publiée dans le *Bulletin des médecins suisses* du 24 août 1983. Elle s'appuie sur l'article 122 du

---

[1] Egypt: DHS, 2005 - Final Report, p. 211, in: www.measuredhs.com /pubs/pub_details.cfm? ID=586&srchTp=ctry.

Code pénal susmentionné[1]. Cette condamnation fut réitérée par le Conseil fédéral le 1er mars 1993. Signalons ici que ni la Déclaration universelle des droits de l'homme, ni la Convention européenne des droits de l'homme ne mentionnent expressément le droit à l'intégrité physique. Cet oubli n'est peut-être pas une coïncidence.

Nous estimons que la distinction entre la circoncision masculine et la circoncision féminine n'est pas justifiable et viole le principe de la non-discrimination. Ni l'une ni l'autre ne devraient être pratiquées sur une personne mineure non consentante sans raison médicale réelle et actuelle.

La circoncision masculine et féminine relève du choix du couple et peut donner lieu à une mésentente, notamment dans le cadre de mariage mixte avec un partenaire musulman ou juif. Il est arrivé que des couples divorcent pour cette raison. Pour éviter ce problème, il est recommandé aux couples mixtes de convenir par écrit, dans le respect de l'intégrité physique, d'attendre que leurs garçons et leurs filles atteignent leur majorité; ensuite ceux-ci décideront librement s'ils veulent se soumettre à ces pratiques.

Il est important ici de dissiper une désinformation perpétuée par la presse et certains milieux religieux et féministes. On estime généralement que la circoncision masculine est moins grave que la circoncision féminine. Une telle affirmation est fausse. Tout dépend du type de circoncision.

Il existe quatre types de circoncision masculine:

- 1er type: il consiste à couper en partie ou en totalité la peau du pénis qui dépasse le gland. Cette peau est appelée prépuce.

- 2e type: c'est la forme de circoncision pratiquée par les juifs. Le circonciseur commence par tirer la peau du pénis et coupe la partie qui dépasse le gland. Ensuite, il tire la peau en arrière et arrache avec les ongles allongés et aiguisés de son pouce et de son index ou avec des ciseaux la partie de la peau (doublure du prépuce) qui reste entre la coupe et le gland.

- 3e type: il consiste à écorcher complètement la peau du pénis et parfois le scrotum (peau des bourses) et la peau du pubis. Cette forme de circoncision, appelée en arabe *salkh*, existait (et probablement continue à exister) chez des tribus du sud de l'Arabie et dans certaines tribus d'Afrique noire.

- 4e type: il consiste à fendre l'urètre, créant de la sorte une ouverture qui ressemble au vagin féminin. Appelé subincision, ce type de circoncision est encore pratiqué par des aborigènes d'Australie.

Face à ces quatre types de circoncision masculine, il existe quatre types de circoncision féminine:

- 1er type: excision partielle ou totale du prépuce (capuchon du clitoris).

- 2e type: excision du prépuce et du clitoris totalement ou partiellement.

---

[1] Déclaration publiée par le Bulletin des médecins suisses, vol. 64, 1983, cahier 34, 24.8.1983, p. 1275.

- 3e type: excision du prépuce et du clitoris et excision partielle ou totale des petites lèvres.
- 4e type: excision partielle ou totale des organes sexuels externes et su-tures/rétrécissement de l'orifice vaginal (infibulation)[1].

3. Liberté d'expression

Le droit musulman ne permet pas l'apostasie. Celle-ci ne consiste pas seulement dans le fait d'abandonner l'islam, mais aussi d'exprimer une opinion qui contrevient aux normes musulmanes "nécessairement connues". Le cas le plus médiatisé est celui de Salman Rushdie contre lequel l'Imam Khumeini a issu le 14 février 1989 une fatwa de mise à mort à la suite de la publication de son ouvrage *Les versets sataniques*. Mais ce n'est pas le seul cas[2].

Cette conception musulmane pose problème en Suisse où la liberté d'expression en matière religieuse fait partie de la "liberté d'opinion et d'information" (art. 16 de la Constitution).

Il serait cependant illusoire de croire que la liberté d'expression soit absolue. L'article 261 du Code pénal suisse punit de six mois de prison ou de l'amende "celui qui, publiquement et de façon vile, aura offensé ou bafoué les convictions d'autrui en matière de croyance, en particulier de croyance en Dieu". D'autres limites sont prévues par l'article 261bis adopté le 18 juin 1993 et en vigueur depuis le 1er janvier 1995 relatif à la discrimination raciale. Cet article a servi à retirer du marché des ouvrages jugés anti-sémites (p. ex. le livre de Garaudy: *Les mythes fondateurs de la politique israélienne*) et à condamner leurs auteurs, des distributeurs et des libraires, dont un musulman.

La Suisse a connu d'autres affaires concernant la liberté d'expression en matière religieuse en rapport avec les musulmans. Il y a eu par exemple l'affaire Voltaire qui a débuté en juillet 1993, à l'occasion du tricentenaire de la naissance de Voltaire en 1694. Un metteur en scène français, Hervé Loichemol, adressa une demande de subvention à la Ville de Genève pour présenter une pièce de théâtre de Voltaire intitulée *Mahomet ou le fanatisme*. Les autorités genevoises chargées des affaires culturelles refusèrent de financer la pièce en argumentant: "Nous ne voulons pas porter offense à la communauté musulmane de Genève". Le producteur, vexé, organisa un débat public afin de discuter cette affaire avec des représentants des médias locaux, les autorités et la communauté musulmane. Les représentants de la *Fondation culturelle islamique* et ceux du *Centre islamique de Genève* se sont joints aux autorités de Genève contre le producteur français, et la pièce ne fut pas autorisée à être jouée[3].

Il y a eu aussi l'affaire Al-Ashmawi, enseignante musulmane à l'université de Genève. Celle-ci, faisant état de sa fonction, a écrit en août 1994 une lettre de lecteur

---

[1] Sur la circoncision masculine et féminine, voir Sami A. Aldeeb Abu-Sahlieh: Circoncision masculine - circoncision féminine: débat religieux, médical, social et juridique, L'Harmattan, Paris, 2001.

[2] Sur l'apostasie, voir Sami A. Aldeeb Abu-Sahlieh: Le délit d'apostasie aujourd'hui et ses conséquences en droit arabe et musulman, in: Islamochristiana (Rome), vol. 20, 1994, p. 93-116.

[3] Al-Ashmawi: La condition des musulmans, op. cit., p. 61-62.

produite par la presse locale intitulée *Ne touche pas à mon Coran*, à la suite de la publication par la Tribune de Genève le 8 août 1994 d'un dessin humoristique sur le Coran mentionnant sur sa couverture le titre de l'ouvrage "Le Coran" précédé du nom de son auteur "Mahomet". Le doyen de la Faculté des lettres estima que le propos d'Al-Ashmawi "ne peut avoir qu'un sens, même si telle n'était pas son intention, à savoir celui de contribuer à l'intolérance et au passage à l'acte d'un fanatique". Il signala qu'il a adressé à Mme Al-Ashmawi un blâme officiel "pour l'irresponsabilité de sa déclaration publique. Cette dernière est d'autant plus regrettable qu'elle alimente en retour par voie de presse le racisme et l'hostilité à l'égard du monde arabe, ce qui est tout autant inacceptable"[1].

4. Congés, prières et jeûne de Ramadan

En droit musulman, les musulmans, exceptés les enfants, les malades, les voyageurs, les esclaves et les femmes, doivent se rassembler le jour du vendredi vers midi, sans fixer une heure exacte. Le quorum varie selon les écoles: quatre, douze ou quarante. Pendant ce rassemblement, précédé d'un appel, un imam fait une homélie et dirige la prière. En plus du vendredi, les musulmans ont deux jours de fêtes religieuses dans lesquels ils se rassemblent aussi pour la prière, se rendent visite mutuellement et rendent visite à leurs tombes:

- *Yom al-fitr*, jour de la rupture du jeûne de Ramadan et qui se situe le 1er jour de mois de Shawwal (10e mois du calendrier lunaire).

- *Yom al-adha* et qui se situe au 10e jour du mois de Dhou al-hijjah (12e mois du calendrier lunaire).

Ajoutons à cela cinq prières quotidiennes qui constituent un des cinq piliers de la religion musulmane. Précédées d'ablutions, elles se font en direction de la Mecque, sauf cas d'impossibilité. Elles sont faites à des heures fixes le matin, à midi, dans l'après-midi, au crépuscule et le soir, mais on peut aussi faire deux prières ensemble en cas d'empêchement pour raison de voyage, de pluie, de froid ou de peur, voire pour n'importe quelle raison selon certains légistes. Elles peuvent avoir lieu en tout lieu propre, mais de préférence dans la mosquée. Elles peuvent être individuelles, mais elles doivent être en groupe s'il y a deux personnes, les hommes séparés des femmes. Les prières sont obligatoires pour tout musulman pubère (à partir de 7 ou 10 ans révolus selon les écoles). Celui qui les abandonne en estimant qu'elles ne sont pas obligatoires apostasie et est passible de la peine de mort. Quant à celui qui les abandonne par paresse, certains légistes prévoient de le tuer, et d'autres prévoient de le châtier et de l'emprisonner jusqu'à sa mort ou son repentir.

En ce qui concerne le respect du jeûne de Ramadan, un des cinq piliers de la religion musulmane, il est assuré sur le plan de la famille, de la société et de l'État. Le père de famille peut imposer à sa femme et à ses enfants à partir d'un certain âge de jeûner. D'autre part, l'État interdit toute violation publique du jeûne, même par des non-musulmans. Les horaires à l'école et au travail sont allégés et aménagés pour répondre aux exigences religieuses pendant ce mois.

---

[1]   Sami A. Aldeeb Abu-Sahlieh: Les musulmans en Occident entre droits et devoirs, L'Harmattan, Paris, 2002, p. 108-110.

Les jours de repos hebdomadaires en Suisse sont le samedi et le dimanche. Ce qui répond aux prescriptions chrétiennes et juives. Il y a aussi des fêtes nationales et autres religieuses selon les cantons, ceux à majorité catholique observant les fêtes religieuses catholiques, et ceux à majorité protestante les fêtes religieuses protestantes. Les institutions fédérales dans ces cantons se conforment à ces normes. L'article 18 de la loi fédérale sur le travail dans l'industrie, l'artisanat et le commerce prévoit que, pour autant qu'ils en avisent leur employeur, les travailleurs peuvent suspendre le travail à l'occasion des jours fériés confessionnels autres que ceux que reconnaissent les cantons. Ainsi les musulmans peuvent prendre congé les deux jours fériés religieux susmentionnés.

À notre connaissance, il n'y a pas eu de demande de la part des musulmans pour que le vendredi soit un jour férié pour eux, ou pour qu'ils puissent interrompre le travail pour les prières quotidiennes. Par contre, le Tribunal fédéral a admis le droit des détenus musulmans à se rassembler le vendredi pour faire leurs prières communes, obligeant même les autorités à faire venir un imam pour présider à la prière – alors qu'un imam, en droit musulman, pouvait être choisi parmi les détenus.

Le système scolaire diffère d'un canton à l'autre. Pour les écoles publiques, le dimanche est partout le jour férié, auquel il faut ajouter les fêtes religieuses chrétiennes et nationales. Ce qui correspond aux prescriptions de la majorité chrétienne. Pour les autres religions, la situation a longtemps été précaire. L'autorité accordait quelques congés, mais c'était toujours à bien plaire. Dans un arrêt de 1991, le Tribunal fédéral dit que la législation scolaire limite la liberté religieuse, mais inversement, la liberté religieuse limite aussi la législation scolaire. Autrement dit: il ne dépend pas du seul législateur d'être libéral; la Constitution l'oblige à tenir compte, dans ses lois, de la liberté religieuse des élèves. Il ne doit pas la restreindre plus que ne l'exige l'intérêt public, c'est-à-dire une exécution raisonnable du mandat éducatif, et il devra s'inspirer, dans la réglementation des congés, du principe de la proportionnalité.

Les juifs et les chrétiens qui célèbrent le samedi ont l'avantage d'avoir leur jour à la veille du dimanche. Progressivement, les cantons commencent à abandonner ou à réduire l'enseignement le samedi. Ainsi, les élèves peuvent prendre congé aussi le samedi sans trop de préjudice scolaire. À moins de passer à une semaine de quatre jours, il serait difficile d'accorder aux musulmans encore le vendredi sans désorganiser les programmes scolaires. Par contre, ils peuvent demander un temps libre le vendredi pour les prières. Il s'agirait alors de reconnaître aux écoliers pratiquants le même droit qu'aux prisonniers. Rappelons ici que les normes musulmanes ne prévoient pas un jour férié pour le vendredi, mais seulement un rassemblement pour la prière réservé aux males à partir d'un certain âge. Rien cependant ne devrait s'opposer à l'octroi des deux jours de fêtes religieuses musulmanes. La *Commission fédérale contre le racisme* indique à propos de cette question:

> Il faut chercher des solutions pragmatiques et non pas des solutions de principe. Elles doivent s'appliquer à toutes les minorités religieuses et pas seulement à un groupe particulier, et en l'occurrence les musulmans.

La réglementation qui permet par exemple aux parents d'excuser leurs enfants pour des absences scolaires de quelques jours par an sans explication particulière peut être utilisée par les membres de toutes les communautés religieuses sans mettre en avant leur appartenance religieuse[1].

Peut-on permettre à des élèves musulmans d'interrompre les cours pour accomplir leurs prières quotidiennes? Cette question ne s'est pas encore posée en Suisse, mais l'a été en Italie voisine lorsqu'un père pakistanais a demandé à la maîtresse d'école dans un village des environs de Bologne de permettre à sa fille de neuf ans de prier seule pendant quelques minutes. La réponse a été négative et a provoqué une polémique entre l'Église catholique, la communauté musulmane et l'Église évangélique, cette dernière soutenant la communauté musulmane[2]. Il nous semble peu approprié d'accepter une telle demande au nom de la liberté religieuse du moment que les normes musulmanes permettent d'accomplir les prières manquées à une heure ultérieure. Signalons ici que des islamistes voudraient que les cours à l'Université du Caire soient interrompus à l'heure de prière, mais l'État égyptien, dont la religion officielle est l'islam, ne l'admet pas. On ne peut demander aux pays occidentaux d'être plus islamistes que les pays musulmans.

Le jeûne de Ramadan pose aussi des problèmes. Certes, les travailleurs musulmans peuvent prendre leurs congés annuels pendant ce mois, mais ils ne sauraient demander un aménagement du temps de travail en fonction de ce mois. La situation est encore plus difficile pour l'école puisque l'écolier ne pourra pas prendre congé pendant ce mois et ne saurait bénéficier d'un aménagement du temps de l'école[3].

5. Mosquées et personnels religieux; initiative sur les minarets

Dans les pays musulmans, il y a une confusion entre l'État et la religion. Une des fonctions de l'État est d'assurer la propagation de la religion musulmane et le respect des obligations religieuses par ses citoyens musulmans. L'entretien des lieux et du personnel de culte des musulmans est à la charge de l'État

Le droit musulman garantit la liberté de culte aux minorités religieuses reconnues. Mais la situation diffère d'un pays à l'autre. Ainsi, en Égypte, il n'est pas toujours facile d'obtenir un permis pour construire ou réparer une église. L'Oman octroie gratuitement des terrains pour la construction d'églises. L'Arabie saoudite représente le cas extrême, en interdisant toute liberté de culte aux non-musulmans. Les milliers de chrétiens qui y travaillent n'ont pas le droit à une église et ne peuvent même pas se réunir dans un lieu privé pour prier en communauté. Ceux qui sont pris en "flagrant délit" sont arrêtés, emprisonnés et souvent déportés. En avril 2005, quarante chrétiens pakistanais, hommes, femmes et enfants, ont été arrêtés à Riyad pour avoir prié dans une maison privée[4]. En avril 2006, un prêtre catholique indien a été arrêté par la police religieuse pendant la célébration d'une messe dans un ap-

---

[1] Les musulmanes et les musulmans en Suisse, communiqué de presse, in: Tangram, n° 8, mars 2000, p. 101.

[2] Corriere della Sera, 16.4.2000.

[3] Les musulmanes et les musulmans en Suisse, communiqué de presse, in: Tangram, n° 8, mars 2000, p. 112-120.

[4] Washington Times 23 avril 2005: http://www.minorites.org/ article.php?IDA=8515.

partement privé; il a été déporté. Ceux qui tiennent à assister à des messes à Pâques ou à Noël, partent en vacances aux Émirats arabes unis, au Bahreïn ou à Abu Dhabi[1].

En Suisse, l'article 50 al. 1 de la Constitution de 1874 disait: "Le libre exercice des cultes est garanti dans les limites compatibles avec l'ordre public et les bonnes mœurs". La Constitution de 2000 ne prévoit pas expressément le libre exercice des cultes, mais cette liberté est comprise par l'article 15 al. 2 qui dit: "Toute personne a le droit de choisir librement sa religion ainsi que de se forger ses convictions philosophiques et de les professer individuellement ou en communauté".

Aujourd'hui, les musulmans disposent en Suisse de quelques mosquées et de nombreux lieux de culte. Le personnel et les lieux de culte sont souvent financés par des pays musulmans qui cherchent à exercer un certain contrôle sur leurs ressortissants. Ainsi en ce qui concerne la communauté turque, c'est l'attaché culturel du consulat turc qui s'en occupe, faisant office d'attaché religieux, chargé de nommer des imams pour diriger et contrôler les centres musulmans. L'Arabie saoudite joue aussi une grande influence, notamment à travers la *Fondation culturelle islamique* de Genève et du *Centre islamique* de Bâle qu'elle finance. La *Fondation culturelle islamique* à Genève est en concurrence avec le *Centre islamique* des Eaux-Vives, fondé par Saïd Ramadan, qui appartient à la mouvance des Frères musulmans. Mais il faut aussi signaler qu'un lieu de culte fut construit en 1996 dans la ville de Bienne, avec une importante contribution financière des autorités suisses provenant du surplus des taxes paroissiales[2].

Un des objectifs visés par les musulmans en demandant la *reconnaissance de l'islam* par la Suisse est de pouvoir bénéficier de financement des lieux des cultes et la création d'une chaire pour les sciences musulmanes à la Faculté de Théologie dans un canton alémanique et une autre chaire dans un canton romand, "financées par les autorités suisses comme le sont les chaires pour les études hébraïques et chrétiennes"[3]. La formation des imams en Suisse fait l'objet de débat. Le groupe de recherche "Formation en Suisse des imams et des enseignant-e-s en religion islamique" a rendu ses résultats publics le mardi 21 juillet 2009[4]. Dans son rapport, il est dit: "Pour le développement des cursus d'étude, des universités islamiques étrangères devraient être consultées. Elles pourraient aussi être sollicitées – du moins dans la phase initiale – pour le recrutement de professeurs qualifiés. Ces deux formes de collaboration pourraient contribuer à l'enseignement et l'apprentissage de l'islam authentique souhaité par les musulman-e-s suisses". Il nous semble cependant qu'une telle démarche pose un problème. Faire venir des professeurs d'Universités musulmanes en Suisse (une forme de délocalisation) signifie que leur enseignement ne sera pas adapté à la situation en Suisse et risque d'aboutir à la désintégration des musulmans au lieu de leur intégration. Nous estimons que les professeurs qui doivent former les imams ou les enseignants de reli-

---

[1] http://www.minorites.org/article.php?IDA=15792.
[2] Al-Ashmawi: La condition des musulmans, op. cit., p. 38.
[3] Ibid., p. 115-117.
[4] Texte du rapport dans http://www.nfp58.ch/files/news/44_Im ams_rapport_final_francais.pdf.

gion musulmane doivent provenir uniquement de la Suisse et non pas des pays musulmans. Il faudrait en tout cas que cette formation mette l'accent sur les problèmes concrets de frictions entre les normes islamiques et les normes suisses. D'autre part, il serait erroné de s'opposer à la formation des imams en Suisse. Les musulmans en Suisse sont venus pour y rester. Les laisser à la merci d'imams formés à l'étranger mettra tôt ou tard en péril la paix confessionnelle en Suisse. Pour cette raison, il serait plus sage d'autoriser une telle formation mais de contrôler scrupuleusement son contenu afin que cette formation soit en conformité avec les principes constitutionnels suisses notamment en matière de liberté religieuse et d'égalité entre les personnes quelle que soit leur sexe ou leur religion.

Une initiative populaire a été déposée le 8 juillet 2008, pourvue de 113 540 signatures valables, visant à introduire dans l'article 72 de la Constitution un troisième alinéa qui interdit la construction de minarets. Les deux passages suivants pris du site des initiateurs résument leurs motivations:

- Le minaret en tant que bâtiment n'a pas de caractère religieux, mais le symbole d'une revendication de pouvoir politico-religieuse qui, au nom d'une dite liberté religieuse, conteste des droits fondamentaux, par exemple l'égalité de tous, aussi des deux sexes, devant la loi. Il symbolise donc une conception contraire à la Constitution et au régime légal suisse.

- L'initiative vise à garantir durablement en Suisse la validité illimitée du régime légal et social défini par la Constitution. Les tentatives de milieux islamistes d'imposer en Suisse aussi un système légal fondé sur la sharia sont ainsi stoppées.

- Cette initiative ne restreint en revanche pas la liberté de croyance qui est garantie dans la Constitution comme un droit fondamental[1].

Le Parlement et le Conseil fédéral recommandent au peuple de rejeter cette initiative. Leurs motivations peuvent être résumées comme suit:

- Elle viole la liberté religieuse.

- Elle n'empêchera pas la construction de mosquées, pas plus qu'elle n'empêchera certains milieux musulmans intégristes de prêcher des thèses peu compatibles avec les valeurs de notre ordre juridique.

- Elle menace la paix religieuse et risque de radicaliser une partie de la population musulmane.

- Elle risque de susciter des réactions d'incompréhension à l'étranger et la menace d'attentats terroristes visant la Suisse pourrait également s'intensifier.

- Elle peut avoir des répercussions négatives sur notre économie[2].

Le message fédéral précise que l'autorisation de construction de minaret "peut être assortie de conditions et de charges, interdisant par exemple que le minaret soit

---

[1]   Voir le site de cette initiative www.minarets.ch.
[2]   Voir http://www.ejpd.admin.ch/ejpd/fr/home/dokumentation/mi/2008/ 2008-08-27.html et le message fédéral contre l'initiative: http:// www.admin.ch/ch/f/ff/2008/6923.pdf.

utilisé pour des appels à la prière"[1]. Mais ceci n'empêchera pas les musulmans, une fois les minarets construits, de réclamer qu'ils puissent les utiliser à l'instar des cloches par les chrétiens. Les minarets ne sont en effet pas simplement un élément de décoration, leur objectif premier ayant toujours été de faire entendre l'appel à la prière. Ne faut-il pas dans ce cas fermer la porte de la discorde préventivement du moment que les musulmans peuvent faire leurs prières avec ou sans minarets?

---

[1] Message fédéral, p. 6939.

Chapitre 6.
École et religion

L'école est le lieu par excellence de l'apprentissage du "vivre-ensemble". Mais c'est aussi le lieu où des résistances et des conflits mal gérés peuvent aboutir à des confrontations sociales. Nous aborderons ici quatre questions ayant trait à la religion et à l'école: l'enseignement religieux, les signes religieux distinctifs, la mixité et le contenu des cours.

1. Enseignement religieux

L'enseignement religieux occupe une place importante dans les pays musulmans. Prenons le cas de l'Égypte. Dans ce pays il y a un enseignement général qui mène aux études universitaires, et un enseignement professionnel. L'enseignement général se divise principalement en deux catégories:

- L'enseignement religieux azharite: L'Azhar est le centre islamique le plus important dans le monde islamique sunnite. Il est doté d'une université moderne avec de nombreuses facultés et branches, y compris scientifiques, au Caire et dans d'autres villes égyptiennes, mais aussi d'écoles pré-universitaires ouvertes exclusivement aux musulmans égyptiens ou étrangers. Les programmes d'études, approuvés par l'Azhar et le gouvernement, insistent sur les matières religieuses et sur la langue arabe. Tout étudiant universitaire, quelle que soit sa faculté, doit nécessairement passer par un enseignement religieux musulman.

- L'enseignement civil: Il est donné par des écoles gouvernementales ou privées lesquelles suivent les programmes établis ou approuvés par le gouvernement. Ces écoles sont ouvertes à tous, sans distinction de religion. C'est de ce dernier enseignement que nous parlerons ici.

Les écoles civiles égyptiennes enseignent la religion musulmane et la religion chrétienne, selon des programmes officiels gouvernementaux. Les parents ne peuvent pas dispenser leurs enfants de l'enseignement religieux, ni choisir la religion de leurs enfants. Si un des parents est musulman, les enfants sont considérés obligatoirement comme musulmans et éduqués selon cette religion, même en cas d'apostasie (abandon de l'islam) des parents.

Bien qu'étudiant sous le même toit, les élèves ne s'intéressent pas aux religions de leurs collègues. Il n'existe pas de réunions œcuméniques. Les bibliothèques des écoles gouvernementales ne contiennent pas de livres religieux chrétiens. Cette fermeture à la religion des non musulmans de la part du gouvernement, contraste avec sa volonté de faire passer l'enseignement religieux musulman dans les manuels de langue arabe aux chrétiens comme aux musulmans[1]. Cette fermeture découle du fait que Mahomet avait interdit à ses compagnons de lire les livres religieux des autres. On rapporte à cet effet qu'Umar, le 2e calife, lisait un texte juif. Mahomet se mit en colère et dit aux présents: "Peuple, j'ai reçu l'ensemble des pa-

---

[1]   Pour plus de détails, voir Sami A. Aldeeb Abu-Sahlieh: L'enseignement religieux en Égypte: Statut juridique et pratique, in: Praxis juridique et religion, 6.1.1989, p. 10-41.

roles et leurs sceaux. Elles me furent résumées et je vous les ai livrées blanches et pures. Ne vous laissez pas tromper et ne laissez pas les trompeurs abuser de vous". Cette question a fait l'objet d'attaques de la part des milieux islamistes contre Sadate qui s'était montré ouvert à une proposition du Pape Shenouda de faire des livres communs sur la religion et l'éthique sociale. À la suite de ces attaques, la proposition du Pape Shenouda tomba à l'eau [1].

La Suisse comporte autant de systèmes scolaires que de cantons. Nous nous limiterons ici au cadre général établi par le Code civil et la Constitution fédérale.

L'article 303 du Code civil stipule:

1) Les père et mère disposent de l'éducation religieuse de l'enfant.

2) Sont nulles toutes conventions qui limiteraient leur liberté à cet égard.

3) L'enfant âgé de seize ans révolus a le droit de choisir lui-même sa confession.

Les alinéas 3 et 4 de l'article 15 de la Constitution de 2000 indiquent:

3) Toute personne a le droit d'adhérer à une communauté religieuse ou d'y appartenir et de suivre un enseignement religieux.

4) Nul ne peut être contraint d'adhérer à une communauté religieuse ou d'y appartenir, d'accomplir un acte religieux ou de suivre un enseignement religieux.

L'al. 2 de l'article 62 ajoute: "Les cantons pourvoient à un enseignement de base suffisant ouvert à tous les enfants". Le Message fédéral relatif à la Constitution précise:

La liberté de conscience et de croyance implique le principe de la neutralité confessionnelle de l'État, c'est-à-dire une ouverture à l'égard de toutes les convictions religieuses et philosophiques. Mais ce principe n'exige pas de l'État une attitude dénuée de tout aspect religieux ou philosophique. L'État peut dès lors privilégier, dans certaines limites (par exemple, en reconnaissant des Églises nationales), des communautés religieuses sans porter atteinte à la liberté religieuse.

Le caractère confessionnellement neutre de l'école publique ne se limite pas à l'enseignement religieux, lequel ne doit pas être à caractère prosélytique, mais s'étend aussi à l'organisation de l'école et à l'attitude des instituteurs, comme nous verrons dans les signes distinctifs à l'école. On peut déduire des normes fédérales suisses susmentionnées les trois principes fondamentaux suivants:

a) La Constitution garantit la liberté religieuse d'adhérer ou de ne pas adhérer à une communauté religieuse, de suivre ou de ne pas suivre un enseignement religieux.

b) Les père et mère disposent de l'éducation religieuse de l'enfant jusqu'à l'âge de 16 ans. À cet âge, l'enfant est libre de choisir lui-même sa confession.

---

[1]   Voir Aldeeb Abu-Sahlieh: Les musulmans face aux droits de l'homme, op. cit., p. 112-113.

c) La Constitution interdit l'enseignement religieux obligatoire dans les écoles publiques, lesquelles doivent être organisées dans le respect de la neutralité confessionnelle.

Les normes suisses énoncées plus haut entrent en conflit avec les normes islamiques selon lesquelles les parents n'ont pas le droit de choisir la religion de leurs enfants, et les enfants issus d'un mariage mixte dont un conjoint est musulman sont obligatoirement musulmans. Nous en avons parlé dans la partie 2, chapitre 4, point 6.

Fawzia Al-Ashmawi reproche aux manuels scolaires suisses de ne contenir que "quelques informations rudimentaires sur l'islam et les musulmans... avec une forte accentuation sur la tendance au fondamentalisme qui dévaste le monde musulman... Le fait est que la grande majorité des enfants musulmans en Suisse fréquentent les écoles publiques, il en résulte une sorte de frustration chez ces élèves qui ont une certaine difficulté à s'adapter au système éducatif sécularisé"[1].

Chaque société a son propre débat sur l'enseignement religieux à l'école dans le but d'éviter des confrontations religieuses et d'assurer la paix sociale. En Suisse, ce débat va s'amplifiant en raison du caractère cosmopolite grandissant de la société et du foisonnement des sectes. J'ai pu en discuter avec le président d'ENBIRO, le pasteur Claude Schwab, qui est lui-même enseignant d'histoire biblique à l'École normale de Lausanne. D'après ce pasteur, l'enseignement religieux confessionnel doit rester en dehors de l'école. Par contre, il serait nécessaire d'y introduire une matière des sciences des religions, une matière ouverte sur toutes les religions, sans distinction et sans prosélytisme. Pour ce pasteur, les élèves suisses, majoritairement chrétiens, ne doivent pas ignorer les racines chrétiennes de leur civilisation, mais en même temps, ils doivent s'ouvrir sur les religions de ceux qu'ils côtoient. D'autre part, les élèves non-chrétiens ont le droit de connaître les racines de la société qui les accueille.

Dans un dialogue avec Tariq Ramadan, Jacques Neirynck estime qu'on vivrait peut-être mieux le pluralisme religieux "si ce pluralisme était respecté dans les écoles. D'une part, des heures d'enseignement religieux où les enfants se séparent pour suivre l'enseignement de leur religion. D'autre part, à certains moments, on les fait se rencontrer pour que chacun connaisse la foi des autres". Tariq Ramadan répond à cette proposition:

> Il faut un débat de fond sur le contenu de cette formation. Les avis sont divergents et les sensibilités sont à fleur de peau sur ces questions. Il faut rester prudent et respecter les étapes avec un débat clair sur les objectifs[2].

Tariq Ramadan ne fait ici qu'énoncer le refus exprimé par les musulmans d'apprendre les religions des autres, par peur de prosélytisme alors que les cours imposés aux chrétiens dans les pays musulmans sont pleins d'éléments religieux musulmans, ainsi qu'il a été vu plus haut.

---

[1]   Al-Ashmawi: La condition des musulmans, op. cit., p. 55.
[2]   Neirynck et Ramadan, op. cit., p. 225-226.

2. Signes religieux distinctifs à l'école

Les normes vestimentaires musulmanes obéissent à deux considérations religieuses: l'interdiction de ressembler aux mécréants et les restrictions prescrites en matière de pudeur.

L'interdiction de ressembler aux mécréants se base sur un récit de Mahomet qui affirme: "Celui qui ressemble à un groupe en fait partie". On cite aussi les deux versets coraniques suivants:

> Ceci est mon chemin droit. Suivez-le, et ne suivez pas les voies qui vous séparent de sa voie (6:153).

> Ne soyez pas comme ceux qui ont oublié Dieu; Dieu leur a fait alors oublier leurs propres personnes. Ceux-là sont les pervers (59:19).

Concernant la pudeur, à partir du Coran et des récits de Mahomet, les légistes classiques ont conclu que certaines parties du corps humain sont *'awrah* (litt.: borgnes, défectueuses, répugnantes) ou *saw'ah* (litt.: mauvaises, laides). Il est interdit de les exposer ou de les regarder. Le but de cette interdiction est de dresser des barrières à la tentation de débauche. Les femmes étant perçues comme l'objet de tentation suprême, le droit musulman prévoit des normes plus strictes à leur égard. L'application de cette norme diffère d'un pays à l'autre, allant du port d'un simple foulard sur la tête au voile intégral et à la burqa. Mais de nombreuses musulmanes restent sans voile.

Les habits féminins sont perçus par certains États et intellectuels musulmans comme un moyen d'oppression, voire une entrave au progrès social, du fait qu'ils enferment les femmes et limitent leurs mouvements. Le courant religieux, au contraire, estime que ces habits sont un signe de vertu et de pudeur, n'hésitant pas à porter un jugement de valeur extrême contre celles qui portent des habits à l'occidentale et ne sont pas voilées, les traitant parfois de prostituées.

En Suisse, chacun a le droit d'exhiber ses signes religieux pour marquer sa différence, et de se vêtir comme il l'entend à condition de ne pas heurter la pudeur publique, notion par ailleurs flexible. Cela n'a pas empêché les autorités de trancher certains litiges.

Une affaire a concerné un cyclomotoriste sikh condamné à payer une amende pour n'avoir pas respecté le feu rouge et avoir omis de porter le casque de protection. Le sikh recourut contre cette dernière raison devant le Tribunal fédéral, au motif que sa religion interdit à ses adhérents de mettre leur tête à nu en public, et qu'ainsi il ne lui était pas possible de porter le casque avec le turban, chaque acte le contraignant à enlever le turban constituant une discrimination. Le Tribunal fédéral rejeta sa demande estimant que la religion sikh n'interdit pas le port du casque et n'impose pas exclusivement le port du turban; par conséquent le sikh peut troquer son turban contre un casque lorsqu'il conduit un cyclomoteur[1].

Dans une autre affaire, la police des étrangers à Bienne avait refusé le renouvellement de leur permis de séjour à des femmes turques qui ne voulaient pas donner

---

[1]   Arrêt du Tribunal fédéral 119 IV 260, JdT 1994 I 707.

des photos sans foulard. À la suite de cette affaire, l'Office fédéral des étrangers édicta le 15 novembre 1993 une directive invitant les autorités communales et cantonales à la souplesse en permettant aux musulmanes de porter le foulard sur leur photographie d'identité[1].

En juin 1999, les hôpitaux universitaires genevois ont refusé un stage à trois étudiantes de médecine musulmanes qui souhaitaient porter le foulard islamique pendant leur travail – ce qui ne mérite pas encore, de l'avis de la *Commission fédérale contre le racisme*, l'étiquette de pratique discriminatoire. Ces trois étudiantes se sont pliées devant la décision administrative et ont accepté la solution de suivre leur stage dans un hôpital privé à Genève[2].

Le Tribunal fédéral a donné raison le 26 septembre 1990 à un instituteur et des parents d'élèves dans le canton majoritairement catholique du Tessin qui ont demandé que le crucifix dans les salles de cours soit enlevé. Mais pour éviter les dérapages, il précise qu'il ne se prononce que sur "la présence du crucifix dans une salle où est dispensé l'enseignement primaire public à des élèves qui n'ont pas encore atteint la majorité en matière religieuse et qui peuvent avoir été élevés dans diverses confessions". Il exclut de sa décision "la présence de crucifix dans d'autres lieux publics, comme les salles de tribunal ou celles où doivent siéger les organes des pouvoirs exécutifs ou législatifs".

Une institutrice musulmane dans une école publique du canton de Genève a été interdite de porter le voile. Cette affaire concerne une ressortissante suisse devenue musulmane, mariée à un ressortissant algérien. Le 23 août 1996, la direction générale de l'enseignement primaire interdit à l'enseignante le port du foulard dans l'exercice de ses activités et responsabilités professionnelles. L'institutrice forma un recours contre cette décision auprès du Conseil d'État de Genève le 26 août 1996, lequel rejeta le recours par arrêté du 16 octobre 1996, décision confirmée par le Tribunal fédéral[3] et la Cour européenne des droits de l'homme dans sa décision du 15 février 2001[4]. Hani Ramadan, imam du *Centre islamique* de Genève, après avoir critiqué la décision genevoise[5], a dénoncé la décision du Tribunal fédéral. Dans un article intitulé "Pour une laïcité plurielle", il écrit:

> Il faut d'abord considérer que les cinq juges qui composent la Cour du Tribunal fédéral ne sont pas infaillibles. Les intellectuels antireligieux qui crient victoire devraient avoir la décence de considérer que les décisions humaines sont susceptibles d'erreur, et ne sont pas parole d'Évangile. Car enfin, on vient de légitimer de façon ahurissante une action inquisitoire qui consiste tout simplement à interdire une pratique religieuse. Mesure qui va à l'encontre de l'article 9 CEDH, ... de l'article 49 de notre Constitution ... et de l'article 18 du Pacte international... L'ensemble de la communauté musulmane de ce pays, toutes ins-

---

[1] Al-Ashmawi: La condition des musulmans, op. cit., p. 49.
[2] Ibid., par. 184.
[3] Arrêt du Tribunal fédéral 123 Ia 296.
[4] Décision du 15.2.2001 sur la recevabilité de la requête n° 42393/98 présentée par Lucia Dahlab contre la Suisse.
[5] Voir plusieurs article de Ramadan: Articles sur l'islam et la barbarie, p. 80-97.

titutions et mosquées confondues, est profondément choqué par cette forme de discrimination religieuse dont il s'estime victime. Ni le Département de l'instruction publique genevois, ni le Conseil d'État, ni le Tribunal fédéral n'ont pris la peine une seule fois de consulter les imams et les représentants suisses musulmans de ce pays avant d'arrêter cette décision... [Les musulmans] ne pourront jamais admettre que cet État s'érige en défenseur d'une idéologie qui vise à exclure de l'espace public en général et de l'espace scolaire en particulier les signes des appartenances religieuses. Loin de défendre les libertés privées, il est une forme de "laïcisme" qui agresse la conscience, et qui cherche à imposer son unique et seul point de vue. Le domaine public n'est pas la seule propriété des athées et des libres penseurs, qui auraient le privilège de le meubler à leur guise... Certains athées et libres penseurs veulent construire le monde extérieur à leur image: sans Dieu, sans signe religieux, vidé de toute forme de spiritualité vivante et visible... Ces maîtres de la pensée moderne, assis sur le trône chancelant de la laïcité républicaine à laquelle ils vouent un véritable culte, promulguent des décrets qui visent à chasser du domaine séculier tout ce qui de près ou de loin rappelle l'existence de Dieu[1].

Ailleurs, Hani Ramadan qualifie ceux qui sont opposés au port du voile islamique à l'école de "tortionnaires laïques"[2].

Il est important de relever ici un problème de traduction du passage coranique invoqué pour justifier le port du voile: "Dis aux croyantes de baisser leurs regards, de garder leur sexe, de ne faire apparaître de leur ornement que ce qui est apparent et de rabattre leurs voiles sur leurs fentes" (24:31). Nous utilisons ici le terme "fentes" pour rendre le mot arabe *juyub*. D'autres traducteurs traduisent ce terme par poitrine (Hamidullah, Abdelaziz et Chiadmi), échancrures (Berque), gorges (Blachère), seins (Kasimirski). Le terme *juyub* est utilisé par le Coran au singulier (*jayb*) à propos de Moïse (27:12; 28:32) dans le sens de la fente de la chemise, et dans une variante du verset 66:12 dans le sens de la fente du corps de la femme, comme synonyme de sexe. D'où notre traduction. Ce verset est à rattacher probablement à une pratique arabe préislamique de tourner nu autour de la Pierre noire; il demande aux femmes qui participaient au pèlerinage de couvrir le sexe, et non pas la tête, le visage ou la poitrine.

Le port de la burqa ou du voile intégral dans certains pays musulmans soulève un débat dans les pays occidentaux qui tentent de l'interdire en invoquant le principe de l'égalité des sexes. Sans entrer dans le débat religieux, un tel vêtement pose un problème d'identification, notamment pour des raisons de sécurité. N'importe qui, quel que soit son sexe ou sa religion, pourrait y recourir pour commettre des délits. Il est par conséquent à interdire comme on interdit la cagoule.

La volonté affichée par les fondamentalistes à faire du voile sous ses différentes formes une arme pour protéger les femmes ou les hommes de la tentation se heurte au Coran qui invite les humains à jouir des bonnes choses que Dieu a créées, sans pour autant transgresser: "Ô vous qui avez cru! N'interdisez pas les bonnes [choses]

---

[1] Ramadan: Articles sur l'islam et la barbarie, op. cit., p. 98-101.
[2] Ramadan: La femme en islam, op. cit., p. 53.

que Dieu vous a permises, et ne transgressez pas. Dieu n'aime pas les transgresseurs!" (5:87); "Dis: Qui a interdit l'ornement de Dieu, qu'il a fait sortir pour ses serviteurs, ainsi que les bonnes [choses] parmi [ses] attributions? Dis: ils sont à ceux qui ont cru, dans la vie ici-bas, voués [seulement à eux] au jour de la résurrection (7:32). Un récit de Mahomet affirme: "Dieu est beau et aime la beauté". Il ne viendrait à l'idée de personne de voiler une belle fleur par peur de la cueillir. On peut se demander ici pourquoi faut-il voiler les femmes, et non pas les hommes, alors que les deux peuvent susciter une tentation!

3. Mixité

Le droit musulman a établi des normes interdisant la promiscuité entre hommes et femmes. Cette interdiction s'étend aux écoles, et parfois aux universités dans un pays comme l'Arabie saoudite. Si l'Université égyptienne étatique, contrairement à l'Université de l'Azhar, permet la mixité, cette situation est critiquée par les milieux musulmans et il arrive que des intégristes imposent la séparation entre étudiants et étudiantes au sein des salles des cours.

L'interdiction de la mixité influence les activités sportives, notamment la natation, du fait que les hommes et les femmes exposent des parties de leurs corps interdites à voir par l'autre sexe. On relève à cet égard que l'Iran organise des compétitions sportives réservées uniquement aux femmes. Ces règles ne sont pas respectées partout, surtout sur les plages, ce qui ne manque pas de provoquer la colère des milieux islamistes[1].

L'école publique en Suisse est mixte, des classes primaires jusqu'à l'université. Elle est ouverte à tous sans discrimination de sexe ou de religion. Mais certains parents musulmans refusent que leurs filles participent à des excursions mixtes, ne permettant que les activités scolaires obligatoires. On peut à cet égard se demander ce que pourrait être la position des autorités suisses face à des parents musulmans qui voudraient que leurs enfants fréquentent des écoles publiques pré-universitaires et universitaires non mixtes. Pour le moment seul le problème des cours obligatoires de natation s'est posé.

À Lausanne, les parents de deux élèves, une Afghane et une Turque, ont demandé que l'on dispense leurs filles des leçons à la piscine. L'autorisation fut accordée, "car il fallait éviter à tout prix de durcir le conflit", ce qui aurait abouti à une marginalisation bien plus grave des jeunes filles, explique le doyen de l'école avant d'ajouter: "On ne va tout de même pas les forcer à se mettre en maillot, il faut avoir un peu de patience!"[2].

Une autre affaire de piscine surgie dans le canton de Zurich est arrivée jusqu'au Tribunal fédéral. Les autorités cantonales avaient refusé la dispense des cours de natation demandée par un père pour sa fille turque âgée de 11 ans. La dispense requise était fondée sur des motifs religieux, le père faisant valoir que l'islam interdisait aux personnes de sexe masculin et de sexe féminin de nager ensemble. Le

---

[1] Pour plus de développement, voir Sami A. Aldeeb Abu-Sahlieh: Limites du sport en droit musulman et arabe, in: Droit et sport, Staempfli, Berne, 1997, p. 349-371.

[2] Le Nouveau Quotidien, 19.11.1993.

père a alors recouru au Tribunal fédéral en son nom propre et en tant que représentant légal de sa fille, se plaignant à titre principal d'une violation de la liberté religieuse, garantie par l'article 49 de la Constitution de 1874 et l'article 9 CEDH. Dans sa décision du 18 juin 1993, le Tribunal fédéral a admis son recours et lui a donné raison. Il a estimé que la faculté des parents de choisir l'éducation religieuse de leurs enfants de moins de seize ans est une composante de leur propre liberté religieuse. Or, dans le cas d'espèce la fille a moins de seize ans. Le père peut donc invoquer cette liberté aussi bien à titre de représentant de son enfant qu'en son nom propre. Et lorsque les parents sont mariés, on peut présumer que chacun d'eux agit avec l'accord de l'autre, à moins qu'ils aient manifesté des divergences[1].

Si cette jurisprudence controversée a été généralement respectée par les cantons, certains ont pourtant fini par se rebiffer. En 2005, Saint-Gall a choisi de défier le Tribunal fédéral en décidant de ne plus accorder de dispenses de cours de natation pour des raisons religieuses. Mais ce revirement n'a pas été attaqué devant les juges fédéraux.

Un an plus tard, c'était au tour des autorités scolaires schaffhousoises de considérer que la jurisprudence du Tribunal fédéral n'était plus adaptée à la situation. Dans sa décision de décembre 2007 confirmant le refus de la dispense, le Tribunal cantonal schaffhousois souligne que la forte augmentation de la population musulmane en Suisse ces quinze dernières années, les difficultés d'intégration croissantes et la montée de l'intolérance entre les groupes religieux justifient de reprendre la question. Et sa conclusion est sans ambiguïté: dans le contexte actuel, l'égalité entre les sexes et les impératifs de l'intégration sociale apparaissent d'autant plus prépondérants que les préceptes religieux qui commandent de séparer filles et garçons à la piscine n'appartiennent pas aux éléments centraux de la foi musulmane, selon cette décision. Pour le tribunal schaffhousois, ces préceptes, en particulier lorsqu'ils sont appliqués aux garçons, relèvent surtout d'une conception rigoriste de l'islam qui est loin d'être généralement observée[2]. Cette décision a été attaquée par les parents tunisiens des deux garçons en question devant le Tribunal fédéral, lequel les a déboutés le 24 octobre 2008, reprenant l'argumentation du tribunal schaffhousois. Selon la majorité des juges, les changements intervenus ces quinze dernières années, notamment sur le plan démographique, ainsi que la place accordée à l'intégration des populations étrangères "impliquent d'apprécier de manière plus restrictive une demande de dispense", a déclaré la juge fédérale Florence Aubry Girardin. Pour la magistrate, l'intérêt de l'enfant doit prédominer. D'autant que l'école joue un rôle fondamental en faveur de l'égalité des chances. "Dans notre société où les sports et les loisirs aquatiques prennent de plus en plus de place, il est important que les écoliers s'y sentent à l'aise", a souligné la juge fédérale, qui a rappelé l'accident survenu à Aquaparc en juin 2000 et la noyade d'un écolier vaudoise en Ardèche il y a quatre ans. Dans la pesée d'intérêts, la volonté du père de soustraire ses garçons à la vue d'écolières en costume de bain doit aussi être relati-

---

[1] Arrêt du Tribunal fédéral 119 I 178.
[2] Le Temps, 24 octobre 2008: http://www.humanrights.ch/home /upload/pdf/090714_Le_Temps_natation_24octobre.pdf.

visée. "Car on croise quotidiennement dans la rue des filles dont le nombril est dénudé"[1].

Malgré cette décision, les deux garçons continuent à bouder les cours mixtes de natation. Le plus âgé a déclaré à son maître que sa religion lui interdisait d'y participer. Leur avocat, Gerold Meier, juge qu'il est "grave" de placer des enfants devant un tel dilemme. Ils ont le choix entre s'opposer au jugement du Tribunal fédéral et enfreindre les règles de leur religion. Désobéir à Dieu a des conséquences plus graves à leurs yeux, car cela a des conséquences sur la vie éternelle, explique l'avocat[2].

4. Contenu des cours

Si les musulmans ont largement contribué au progrès des sciences et de la philosophie, on a toujours observé, comme en Occident, un conflit entre les milieux religieux et les savants. Il suffit ici de rappeler l'affaire Galilée (d. 1642) à qui l'Église a interdit en 1633 d'enseigner la théorie de la rotation de la Terre autour du Soleil. Malgré le fait que l'Église a admis cette théorie déjà au 19e siècle, elle n'a réhabilité Galilée qu'en 1992 dans un discours du pape devant l'*Académie pontificale des sciences* par une pirouette, estimant qu'il s'agit d'un "douloureux malentendu"[3]. Le même problème s'est posé chez les musulmans à notre époque. Ibn-Baz (d. 1999), la plus haute autorité religieuse saoudienne, a répété que la théorie de la rotation de la Terre autour du Soleil contredit le Coran. Celui qui la professe mérite, par conséquent, d'être mis à mort pour apostasie[4].

D'autres sujets rencontrent des réticences tant chez les chrétiens que chez les musulmans. C'est notamment le cas de la théorie évolutionniste de Darwin que des intégristes chrétiens et musulmans voudraient bannir de l'école. Des milieux islamistes réclament aussi de jeter aux oubliettes les écrits de philosophes musulmans tels qu'Averroès.

Le problème du contenu des cours ne s'est pas encore posé de façon explicite. Mais on signalera ici une polémique autour de Tariq Ramadan qui écrit dans un livre:

> Les cours de biologie peuvent contenir des enseignements qui ne sont pas en accord avec les principes de l'islam. Il en est d'ailleurs de même des cours d'histoire ou de philosophie. Il ne s'agit pas de vouloir en être dispensé. Bien plutôt, il convient d'offrir aux jeunes, en parallèle, des cours de formation qui leur permettent de connaître quelles sont les réponses de l'islam aux probléma-

---

[1] Tribune de Genève, 24.10.2008. Référence de l'arrêt du Tribunal Federal N° 2C 149/2008, de 24 Octobre 2008: http://jumpcgi.bger.ch/cgi-bin/ JumpCGI?id=24.10.2008_2C_149/2008.

[2] Le 30 janvier 2009, LeMatin.ch & les agences, dans: http:// www.lematin.ch/actu/suisse/jeunes-schaffhousois-boudent-cours-verdict-tf-77301.

[3] Le cas Galilée. Sur cette affaire, voir Claude Allègre: Dieu face à la science, Fayard, Paris, 1997, p. 11-52.

[4] Ibn-Baz: Al-adillah al-naqliyyah wal-hissiyyah 'ala imkan al-su'ud ila al-kawakib wa-'ala jarayan al-shams wa-sukun al-ard, Matbu'at al-jami'ah al-islamiyyah, Médine, 1395 hégire: http://www.4shared.com /file/23250478/e18c07c7/0043.html.

tiques abordées dans ces différents cours. Ce sera là un vrai facteur d'enrichissement[1].

Nous n'avons rien contre une telle approche, à condition que le musulman n'avance pas *a priori* le caractère infaillible des "principes de l'islam" et qu'il accepte de les mettre en question sans y voir une atteinte à sa foi. Sans cela, on aboutira à une nouvelle affaire Galilée en biologie. Les propos susmentionnés n'ont d'ailleurs pas manqué de susciter une vive réaction de la part des professeurs du Collège de Saussure à Genève où Tariq Ramadan enseigne. Ils ont rédigé un manifeste dans lequel ils exigent: "Qu'en aucun cas un groupe religieux puisse interférer sur le contenu de nos cours"[2].

On signalera ici qu'en France, le Haut conseil à l'intégration considère le contenu des cours parmi les principes intangibles et qu'il "ne serait pas tolérable que des élèves ou des parents récusent, au nom d'une croyance religieuse, telle ou telle partie des programmes concernant la biologie, la littérature, la philosophie voire le dessin ou globalement l'éducation physique"[3].

[1]   Ramadan: Les musulmans dans la laïcité, op. cit., p. 122, note 55.
[2]   Florence Duarte: Les profs de biologie ont peur de l'islam, Hebdo, 7.3.1996.
[3]   Haut conseil de l'intégration: L'islam dans la République, novembre 2000, par. 3.3.5.

Chapitre 7.
Abattage rituel

Pour qu'une viande soit licite (*casher* pour les juifs, et *halal* pour les musulmans), elle doit remplir plusieurs conditions. Certains animaux sont interdits. Ceux licites, exception faite des poissons, doivent être saignés, d'une manière particulière par une personne appartenant à une religion particulière. Enfin, certaines parties de l'animal ne peuvent pas être consommées. Le débat en Occident se cristallise cependant autour de "l'abattage sans étourdissement préalable". La question qui se pose est la suivante: "Existe-t-il des normes juives ou musulmanes qui interdisent d'étourdir l'animal avant de le saigner, normes à respecter par le législateur au nom de la liberté religieuse?" Avant de répondre à cette question, nous esquissons le débat en Suisse.[1]

1. Débat en Suisse autour de l'abattage rituel

Le 20 août 1893 fut adopté[2] en Suisse l'article constitutionnel 25bis qui énonce: "Il est expressément interdit de saigner les animaux de boucherie sans les avoir étourdis préalablement."

Cet article a été remplacé le 2 décembre 1973 par un nouveau texte qui donne à la Confédération la compétence générale de légiférer sur la protection des animaux. L'interdiction de l'abattage sans étourdissement préalable a été maintenue, provisoirement, par l'article 12 des dispositions transitoires de la Constitution, qui énonce: "Jusqu'à l'entrée en vigueur de la loi d'application de l'article 25bis, il est expressément interdit de saigner les animaux de boucherie sans les avoir étourdis préalablement; cette disposition s'applique à tout mode d'abattage et à toute espèce de bétail."

L'interdiction de l'abattage sans étourdissement préalable fut maintenue par la loi sur la protection des animaux du 9 mars 1978, exception faite pour la volaille. Elle fut réaffirmée par l'ordonnance du 27 mai 1981, ordonnance modifiée le 14 mai 1997.

La Convention européenne sur la protection des animaux d'abattage de 1979, entrée en vigueur pour la Suisse le 4 mai 1994, n'a pas pu interdire l'abattage sans étourdissement préalable et a laissé à chaque État contractant le droit de déroger à cette interdiction.

Dans son message [travaux préparatoires] de 1972 relatif à la modification de l'article 25bis, le Conseil fédéral explique les divergences apparues lors des débats concernant l'abattage sans étourdissement préalable:

---

[1] Nous nous limitons dans les notes à quelques références essentielles. Pour plus de références et de détails, voir Sami A. Aldeeb Abu-Sahlieh: Faux débat sur l'abattage rituel en Occident: ignorance des normes juives et musulmanes, cas de la Suisse, Revue de droit suisse, 2003, pp. 247-267, et l'avis sur l'étourdissement des animaux avant leur abattage, du 21 décembre 2001, établi par l'Institut suisse de droit comparé à l'intention de la Société vaudoise pour la protection des animaux (http://www.svpa.ch/images/magazine/avisdedroit.doc).

[2] Arrêté fédéral du 22 décembre 1893, in: Recueil officiel, vol. XIII, 1894, p. 1015-1018.

Les organisations protectrices des animaux et, avec elles, de larges milieux de la population exigent l'interdiction de saigner les animaux de toutes espèces sans qu'ils aient été préalablement étourdis. On veut ainsi épargner aux animaux, dont l'abattage est nécessaire à l'alimentation de la population, des souffrances pour le moins inutiles. En revanche, les prescriptions de la religion juive (d'ailleurs aussi celles de la religion islamique) interdisent d'étourdir les animaux avant la saignée, qui s'opère par incision des parties molles du cou de l'animal (égorgement). Dans les milieux qui s'occupent de la protection des animaux, cette manière d'abattre a de tout temps été ressenti comme particulièrement cruelle.[1]

Répondant à l'argument de la liberté religieuse, le Message fédéral de 1977 concernant la loi sur la protection des animaux du 9 mars 1978, précise:

Nous convenons que cette interdiction comporte une certaine restriction à la liberté de croyance, d'opinion et de culte d'une minorité religieuse. Or, tout droit à la liberté est soumis aux limites imposées par la Constitution et la loi et il en va ainsi de la liberté de croyance, d'opinion et de culte [...]. Les débats au Parlement et l'issue du vote populaire concernant l'article constitutionnel sur la protection des animaux ne laissent subsister aucun doute quant au fait que les méthodes pour les abattages rituels utilisées jusqu'à présent constituent, pour le moins aux yeux de larges milieux de la population, une atteinte aux principes régissant la protection des animaux. Elles doivent donc être interdites.[2]

La doctrine en Suisse a soutenu généralement l'idée que l'interdiction de l'abattage sans étourdissement préalable est une atteinte à la liberté religieuse des juifs et des musulmans, dont les normes exigeraient, d'après eux, que l'animal ne soit pas étourdi avant d'être saigné (p. ex.: Favre[3], Kälin[4] et Fleiner[5]). Certains y voient une manifestation d'antisémitisme (p. ex.: Aubert[6] et Krauthammer[7]).

Le Conseil fédéral a remis en question l'interdiction d'abattre les animaux sans étourdissement préalable dans l'avant-projet de loi sur la protection des animaux soumis à la consultation le 21 septembre 2001. L'alinéa 4 de l'article 19 de cet avant-projet dispose:

L'abattage de mammifères sans étourdissement avant la saignée ne peut être effectué qu'avec l'autorisation de l'autorité compétente et dans des abattoirs autorisés, titulaires de l'autorisation prescrite à l'article 16 de la loi fédérale du 9 oc-

---

[1] Feuille fédérale 1972 II 1479.

[2] Feuille fédérale 1977 I 1108-1109.

[3] Antoine Favre: Droit constitutionnel suisse, Editions universitaires, Fribourg, 2e édition, 1970, p. 284.

[4] Walter Kälin: Grundrechte im Kulturkonflikt, Freiheit und Gleichheit in der Einwanderungsgesellschaft, Zurich, 2000, p. 192 ss.

[5] Thomas Fleiner: Article 25bis, in: Commentaire de la Constitution fédérale de la Confédération suisse du 29 mai 1874, Helbing et Liechtenhahn, Bâle, état: 1989, par. 16, 19 et 21.

[6] Jean-François Aubert: Traité de droit constitutionnel suisse, Editions idées et calendes, Neuchâtel, 1967, vol. 2, par. 2067.

[7] Pascal Krauthammer: Das Schächtverbot in der Schweiz 1854-2000, Die Schächtfrage zwischen Tierschutz, Politik und Fremdenfeindlichkeit, Schulthess, Zurich, 2000, p. 274.

tobre 1992 sur les denrées alimentaires et les objets usuels. Cet abattage est autorisé pour répondre aux besoins des communautés religieuses dont les règles contraignantes prescrivent l'abattage sans étourdissement ou interdisent la consommation de viande issue d'animaux qui ont été étourdis avant la saignée.[1]

Le Rapport explicatif de l'avant-projet précise que l'interdiction de l'abattage sans étourdissement préalable

> est considérée par certains comme une limitation disproportionnée de la liberté de conscience et de croyance garantie à l'article 15 de la Constitution. Le Conseil fédéral partage ce point de vue. Il estime que l'intérêt public consistant à protéger les animaux de boucherie des douleurs et des maux n'est pas suffisant pour maintenir l'interdiction en vigueur en Suisse depuis 1893.[2]

L'avant-projet du Conseil fédéral a suscité une vive opposition, notamment de la part de l'Office vétérinaire fédéral, de la Société des vétérinaires suisses, de l'Union suisse des maîtres-bouchers et des associations pour la protection des animaux. Face à ces réactions défavorables, le Conseil fédéral a décidé de modifier son avant-projet, maintenant l'interdiction de l'abattage avant étourdissement préalable. Dans un communiqué de presse du 13 mars 2002, il dit y avoir renoncé "dans l'intérêt de la paix confessionnelle", soulignant le fait que "les résultats de la consultation indiquent qu'une grande majorité des cantons et des organisations consultées refusent cette dérogation".[3] L'article 21 de la loi fédérale sur la protection des animaux adoptée par le Parlement le 16 décembre 2005, entrée en vigueur le 1er septembre 2008, dispose désormais:

1) Les mammifères ne peuvent être abattus que s'ils sont étourdis avant d'être saignés.

2) Le Conseil fédéral peut prescrire l'étourdissement pour l'abattage d'autres animaux.

3) Le Conseil fédéral spécifie les méthodes d'étourdissement autorisées.

4) Le Conseil fédéral fixe, après avoir consulté les organisations professionnelles, les exigences auxquelles doivent satisfaire la formation et la formation continue du personnel des abattoirs[.4]

Vu le débat qui entoure l'abattage rituel, il est important de ce demander ici s'il est exact que les juifs et les musulmans ont des règles religieuses contraignantes qui prescrivent l'abattage sans étourdissement ou interdisent la consommation de viande issue d'animaux qui ont été étourdis avant la saignée?" Cette question a été posée à l'Institut suisse de droit comparé par l'Office vétérinaire fédéral ainsi que par la Société vaudoise pour la protection des animaux. Après un examen des

---

[1] Texte de l'avant-projet dans: http://www.bvet.admin.ch/tierschutz /00701/?lang=fr.

[2] Révision de la loi sur la protection des animaux: rapport explicatif de l'avant-projet, 21.9.2001, p. 7. Texte du rapport dans: http://www.bvet. admin.ch/tierschutz/00701/?lang=fr.

[3] http://www.evd.admin.ch/evd/news/02188/index.html?lang=fr. Voir le Rapport sur les résultats de la procédure de consultation relative à l'avant-projet de la révision de la loi sur la protection des animaux dans: http://www.bvet.admin.ch/tierschutz/00701/?lang=fr.

[4] Texte de la loi dans: http://www.admin.ch/ch/f/rs/455/index.html.

sources juives et musulmanes, l'Institut a répondu par la négative dans ses avis 01-150 et 01-162 (respectivement du 18 et du 19 décembre 2001). Il a conclu:

> La Suisse, en exigeant l'étourdissement des animaux avant l'abattage, ne heurte pas des normes religieuses juives ou musulmanes si l'étourdissement ne provoque pas la mort de l'animal (pour les juifs et les musulmans) et ne le blesse pas (pour les juifs).

Cet avis a certainement contribué à la modification de l'avant-projet fédéral, en invalidant le postulat sur lequel il se basait. Les arguments avancés par l'Institut sont indiqués dans le point suivant.

2. L'abattage rituel en droit juif et musulman

Le droit juif a deux sources: la Bible et le Talmud. Le droit musulman a aussi deux sources: le Coran et la Sunnah (tradition) de Mahomet. Ces sources ne comportent pas de règles contraignantes qui prescrivent l'abattage sans étourdissement ou interdisent la consommation de viande issue d'animaux qui ont été étourdis avant la saignée. Cela s'explique par le fait que l'étourdissement est un procédé tardif lié à l'évolution des mœurs, notamment en ce qui concerne le respect dû à l'animal et au souci de ne pas lui causer une souffrance inutile. Les autorités religieuses juives et musulmanes discutent cependant de l'étourdissement à partir de trois normes indirectes, à savoir: l'interdiction de consommer du sang; l'interdiction de manger de la viande d'un animal mort ou déchiré; le respect de l'animal. Voyons ces normes.

La Bible interdit la consommation du sang (Genèse 9:4; Lévitique 17:12-14 et Deutéronome 12:23-24). Cette interdiction est également prévue par le Nouveau Testament (Actes des apôtres 15:20 et 29) et par le Coran (2:173; 5:3; 6:145 et 16:115). En vertu de cette interdiction, l'animal doit être vidé de son sang après avoir été égorgé, à l'exception du poisson.

L'interdiction de consommation du sang est un des arguments utilisé par les autorités fédérales dans l'avant-projet pour justifier la levée de l'interdiction de l'abattage sans étourdissement. Si en effet l'étourdissement de l'animal empêche l'écoulement du sang, on peut considérer l'étourdissement comme contraire aux normes religieuses juives et musulmanes. Mais ceci n'est pas démontré. Le Docteur Samuel Debrot soutient même le contraire.[1]

La Bible interdit de manger de la viande de bête morte, déchirée par un fauve ou avariée (Exode 22:30; Deutéronome 14:21; Lévitique 17:15-16; Lévitique 22:8; Ézéchiel 4:14). Pour les juifs, l'animal doit être vivant lorsqu'il est saigné. En plus, il faut qu'il ne soit pas blessé. Et c'est de ces deux exigences, que les milieux juifs opposés à l'étourdissement tirent leurs arguments. Pour cette raison, le Rabbin Levinger, autorité en la matière, écarte la possibilité de recourir à l'anesthésie chimique qui affecte la qualité de la viande et la rend dangereuse, ainsi que l'utilisa-

---

[1] Samuel Debrot: L'opinion d'un directeur d'abattoir, in: Das sogenannte Schächtverbot, Schriftenreihe des Schweizerischen Tierschutzverbandes, no 6, Bâle, 1971, p. 20-21. La Fondation Brigitte Bardot dit que "la viande d'un animal vidé de son sang et préalablement anesthésié contient autant de sang que celle d'un animal égorgé sans anesthésie".(http://www.fondationbrigittebardot.fr/fr/journal/10_98/10_3.html).

tion du dioxyde de carbone qui pourrait provoquer l'étouffement de l'animal.[1] En ce qui concerne l'étourdissement par électronarcose, il ne le rejette pas en soi, mais doute qu'il puisse être pratiqué en boucherie sans provoquer la mort de l'animal. Il avance aussi le fait que l'électronarcose pourrait être dangereuse en raison de l'utilisation de l'eau dans les abattoirs.[2] De même, il craint que l'étourdissement de l'animal ne l'expose à la blessure, ce qui rend sa viande inconsommable.[3] Comme on peut le constater, son opposition à l'étourdissement par électronarcose ne se base pas sur des normes religieuses juives mais sur des considérations pratiques.

L'interdiction de manger de la viande d'un animal mort, prescrite aussi par le Nouveau Testament (Actes des apôtres 15:20 et 29) se retrouve également dans le Coran aux versets susmentionnés. Le verset 5:3 précise qu'il est interdit de consommer une bête "étouffée, assommée, abîmée, encornée ou mangée par un fauve, sauf celle que vous immolez". Les légistes musulmans estiment que tant que l'animal donne signe de vie, il peut être saigné et sa viande est à considérer comme licite; en le saignant, on le purifie. Le gibier mort au cours de la chasse est licite même s'il n'a pas été saigné, sauf si l'opportunité de le saigner s'était présentée, mais n'avait pas été saisie (Coran 5:4). Plusieurs fatwas musulmanes affirment que l'étourdissement de l'animal n'aboutit pas nécessairement à la mort de l'animal.[4] Un auteur musulman va jusqu'à citer le Coran: "Lorsque son Seigneur se manifesta à la montagne, il l'écrasa, et Moïse tomba foudroyé" (7:143). Bien que foudroyé, Moïse n'en est pas mort. Si donc l'étourdissement de l'animal n'aboutit pas à sa mort avant qu'il ne soit saigné, il est licite du point de vue du droit musulman.[5] Des sources musulmanes évoquent l'expérience de la Nouvelle-Zélande, grand exportateur de viande *halal* vers les pays musulmans. Le *National Animal Welfare Advisory Committee* indique que, malgré la possibilité d'obtenir une dispense au nom de la liberté religieuse, les musulmans de ce pays ont accepté le recours à l'électronarcose par la tête (*head-only electrical stun*) qui rend l'animal temporairement inconscient. Cette méthode fut développée par ce pays dans les années 1980. L'animal électrocuté ne sent pas la souffrance ou le stress avant d'être saigné, et s'il est laissé non-saigné il se rétablit complètement.[6]

En ce qui concerne le respect de l'animal, la consommation de la viande implique la mise à mort de l'animal dont elle provient. Si toute mort est cruelle, cette cruauté peut avoir différents degrés et il convient de réduire cette cruauté au minimum et de ne pas faire souffrir l'animal inutilement. Or, les juifs et les musulmans sont

[1]   Israel Meir Levinger: Schechita im Lichte des Jahres 2000, Zentralrat der Juden in Deutschland, Bonn-Bad Godesberg, und Machon Maskil L'David, Jerusalem, 1996, p. 133-135.
[2]   Ibid., p. 139, 140 et 142.
[3]   Ibid., p. 142; Israel Meir Levinger: Die Jüdische Schlachtmethode, in: Schächten, Religionsfreiheit und Tierschutz, herausgegeben von Richard Potz, Brigitte Schinkele und Wolfgang Wieshaider, Plöchl, Freistadt; Kovar, Elging, 2001, p. 2-3.
[4]   Voir ces fatwas et les références dans Aldeeb Abu-Sahlieh: Faux débat, op. cit, p. 258-261.
[5]   Abu-Sari Muhammad Abd-al-Hadi: Ahkam al-at'imah wal-dhaba'ih fi al-fiqh al-islami, Dar al-jil, Beyrouth; Maktabat al-turath al-islami, le Caire, 2e édition, 1986, p. 216-217.
[6]   Discussion paper on the animal welfare standards to apply when animals are commercially slaughtered in accordance with the religious requirements, Wellington, avril 2001, p. 13, par. 7.2. in: http://www. maf.govt.nz/biosecurity/animal-welfare/nawac/papers/religious-requir ements.pdf.

d'accord pour affirmer que l'animal ne doit pas être exposé à des souffrances inutiles.

Les autorités religieuses juives opposées à l'étourdissement de l'animal estiment que la méthode juive d'abattre les animaux est plus appropriée pour réduire la souffrance de l'animal, et que l'étourdissement ne provoquerait qu'une souffrance inutile supplémentaire.[1] Ce point de vue juif est loin d'être partagé par les différentes sociétés de protection des animaux[2], la Société des vétérinaires suisses[3], l'Union suisse des maîtres-bouchers[4], le Conseil fédéral, l'Office fédéral vétérinaire[5] et les législateurs des pays occidentaux qui imposent l'étourdissement des animaux avant la saignée pour réduire la souffrance de l'animal. Les autorités religieuses musulmanes favorables à l'étourdissement admettent que celui-ci réduit la souffrance de l'animal et, de ce fait, il répond à l'injonction de Mahomet: "Dieu a prescrit la bonté en toute chose. Si vous tuez, faites-le avec bonté, et si vous saignez un animal, faites-le avec bonté". C'est la raison pour laquelle ces autorités ne s'opposent pas à l'étourdissement de l'animal à condition qu'il ne provoque pas la mort de celui-ci avant d'être saigné.

Une remarque s'impose ici. Les professeurs de droit et le Conseil fédéral invoquent le respect de la liberté religieuse des minorités juive et musulmane en faveur de la levée de l'interdiction de l'étourdissement malgré l'absence de règles religieuses contraignantes qui s'opposent à un tel étourdissement. Il est cependant un aspect dont il faut tenir compte également, celui de la liberté de conviction des adversaires de l'abattage sans étourdissement. Il faut en effet savoir que les juifs abattent plus d'animaux qu'ils ne consomment de viande.[6] Ceci pour deux raisons: d'une part, les animaux saignés peuvent être déclarés comme non *casher* après avoir été abattus; d'autre part, les juifs ne mangent pas la partie inférieure, en raison de l'interdiction de consommer le nerf sciatique (Genèse 32:33), qui est difficile et coûteux à enlever entièrement. La viande des animaux abattus sans étourdissement, et classifiée comme inconsommable par les juifs, est vendue sur le marché, généralement sans indication.[7] Or, si les professeurs de droit et le Conseil fédéral ont le souci de respecter les convictions religieuses des minorités juive ou musulmane (malgré l'ab-

---

[1]   Levinger: Schechita im Lichte des Jahres 2000, op. cit., p. 134. et 142-143.

[2]   Voir par exemple la lettre de Bernard Lavrie, secrétaire de la Coordination intercommunautaire contre l'antisémitisme et la diffamation, qui cite le rabbin Levinger et la réponse à cette lettre in Acusa, 1998, 1: www.acusa.ch/an1998-1/01-lutte.html. Voir aussi Massacres sans anesthésie, in: http://www.ragecoeur.itgo.com/rituel 3.html; Abattages rituels autorisés, in: http://www.svpa.ch/even ements.html.

[3]   La Société des Vétérinaires Suisses ne veut pas d'une autorisation de l'abattage rituel, in: http://www.gstsvs.ch/cug/gst_vet/index.nsf?Open.

[4]   Union suisse des maîtres-bouchers, 28.9.2001, in: http://www.qualite duboucher.ch/pages/francais/polit.htm#p151.

[5]   Office vétérinaire fédéral: Informations de base sur l'abattage rituel, 20.9.2001, par. 5.

[6]   Loc. cit.

[7]   Juliet Gellatley: Going for the Kill: A Viva! report on religious (ritual) slaughter: Do supermarket chains sell religiously slaughtered meat? in: http://www.viva.org.uk/Viva!%20Campaigns/Slaughter/goingforthekill3.htm#Stunning%20Abroad; voir aussi Werner Hartinger: Das betäubungslose Schächten der Tiere in unserer Zeit, Conférence du 8 septembre 2000, Berlin, in: http://www.vgt.ch/news/000926.htm.

sence de règles religieuses contraignantes), il est tout aussi important de respecter les convictions de ceux qui refusent l'abattage sans étourdissement et qui réclament que les emballages indiquent la manière dont l'animal a été abattu.

Pour conclure, on peut dire que l'étourdissement des animaux avant la saignée ne va contre aucune norme juive ou musulmane. La bataille des juifs, des musulmans et du Conseil fédéral visant à autoriser l'abattage rituel cache en réalité une visée économique. Les juifs et les musulmans veulent faire de la viande cacher et halal un label pour attirer les clients et un moyen pour gagner de l'argent. Un auteur signale que *l'Association consistoriale israélite* de Paris a un budget annuel de l'ordre de 150 millions francs français. Environ la moitié provient du "droit de couteau"[1]. On multiplie les normes pour multiplier les leviers de commande et les taxes. En ce qui concerne le Conseil fédéral, en supprimant l'interdiction de l'abattage rituel, il cherchait à exporter la viande suisse vers les pays musulmans au lieu d'importer de la viande de la France voisine pour nourrir les juifs et les musulmans en Suisse. Quant à la position des professeurs contre l'interdiction de l'abattage rituel, elle est motivée tout simplement par leur ignorance des normes tant juives que musulmanes.

---

[1] Voir sur les aspects économiques Julien Bauer: La nourriture cacher, Que sais-je n° 3098, PUF, Paris, 1996, p. 50-68, ainsi que la décision de la Cour européenne des droits de l'homme, 27 juin 2000, Cha'are Salom ve Tsedek c. France (requête n° 27417/95).

Chapitre 8.
Cimetières

On estime qu'entre 90 et 95% des musulmans décédés en Suisse sont rapatriés dans leurs pays d'origine, pour un coût pouvant atteindre jusqu'à 15'000.- Sfr. Pourquoi un tel rapatriement? Des musulmans répondent que la Suisse ne leur accorde pas le droit de s'y faire enterrer selon leurs normes. C'est ce que nous verrons ici sommairement[1].

1. Séparation des tombes

Le droit musulman prescrit entre les morts la division qui existe entre les vivants. Les musulmans doivent être enterrés dans un cimetière qui leur est propre, et il est interdit d'enterrer un "mécréant" avec eux. Selon Mahomet, le mort subit le châtiment ou jouit de la félicité déjà dans la tombe. De ce fait, il faut éviter de mettre un croyant près d'un "mécréant" pour qu'il ne souffre pas de son voisinage[2]. Concernant les musulmans séjournant en "Terre de mécréance", après un long débat, l'*Académie du droit musulman* qui dépend de l'*Organisation de la conférence islamique* a décidé que l'enterrement dans le cimetière des mécréants n'est possible qu'en cas de nécessité[3].

Pour mettre fin au conflit entre catholiques et protestants, l'article 53 al. 2 de la Constitution de 1874 stipulait: "Le droit de disposer des lieux de sépulture appartient à l'autorité civile. Elle doit pourvoir à ce que toute personne décédée puisse être enterrée décemment". Cette disposition a malheureusement disparu de la Constitution de 2000.

Comme les cimetières figuraient dans la Constitution, le Conseil fédéral était l'instance de recours en cas de conflits s'y rapportant. Sa position était au début prudente. Ainsi dans une interprétation de l'article 53 al. 2 en 1875, il affirmait simplement le principe de la décence, permettant que les communes décident de la présence de cimetières séparés ou de division du cimetière entre les différentes communautés, par peur de froisser le public. Il ne voyait pas de nécessité de faire une loi unique. Mais très vite il a penché pour l'unification des cimetières, au point de présenter un projet visionnaire en 1880 visant à mettre fin à la séparation dans

---

[1] Pour plus de développement sur les cimetières en Suisse, voir Sami A. Aldeeb Abu-Sahlieh: Cimetière musulman en Occident: Normes juives, chrétiennes et musulmanes, L'Harmattan, Paris, 2002; Sami A. Aldeeb Abu-Sahlieh: Les musulmans en Occident, op. cit., p. 249-274; voir aussi Sami A. Aldeeb Abu-Sahlieh: Les cimetières en Suisse entre laïcité et respect de la foi des communautés religieuses: cas des cimetières musulmans, in: Coopération entre État et communautés religieuses selon le droit suisse, Schulthess, Zurich, 2005, p. 389-427.

[2] Voir à ce sujet , Shams-al-Din Ibn-Qayyim Al-Jawziyyah: Ahkam ahl al-dhimmah, Dar al-ilm lil-malayin, Beyrouth, 2ᵉ édition, 1981, vol. 2, p. 725-727; Muhammad Ahmad Al-Qurtubi: Al-tadhkirah fi ahwal al-mawta wa-umur al-akhirah, Dar al-manar, le Caire, (s.d.), p. 100-101; Muhammad Ibn-Ahmad Ibn-Rushd: Al-bayan wal-tahsil wal-sharh wal-tawjih wal-ta'lil fi masa'il al-mustakhrajah, Dar al-gharb al-islami, Beyrouth, 1984, vol. 2, p. 255-256; Hasan Khalid: Al-islam wa-ru'yatuh fima ba'd al-hayat, Dar al-nahdah al-arabiyyah, Beyrouth, 1986, p. 123-124.

[3] Majallat majma al-fiqh al-islami, n° 3, partie 2, 1987, p. 1339-1341.

les cimetières dans les dix ans. Mais le Conseil fédéral y renonça laissant au temps de remédier à ce problème.

Aujourd'hui, ni les catholiques ni les protestants ne disposent de leurs cimetières propres. Les seuls qui en ont encore sont les juifs, certains obtenus après 1874. La Constitution de 2000 a omis la question des cimetières. Le message du Conseil fédéral justifie cette omission par le fait que le droit à une sépulture décente est couvert par l'article 7 qui stipule: "La dignité humaine doit être respectée et protégée"[1]. Mais en fait le problème refait surface périodiquement, notamment à cause des musulmans qui réclament des cimetières ou tout au moins des carrés séparés, invoquant l'exception faite aux juifs dans certaines communes, la liberté religieuse et le droit à un enterrement décent, évitant soigneusement d'indiquer les raisons profondes, discriminatoires, qui motivent une telle demande, à savoir le refus de se retrouver près d'un mécréant. Plusieurs cantons ont déjà été confrontés à ce problème, dont Genève, Berne, Bâle-Ville et Zurich. Nous nous limitons au cas genevois.

À Genève, il y avait au 19ᵉ siècle des cimetières pour les protestants et pour les catholiques et un cimetière pour les juifs à Carouge. En 1876, Genève a adopté une loi qui considère que les "cimetières sont des propriétés communales" (article 1 al. 1) et prévoit que "les inhumations doivent avoir lieu dans des fosses établies à la suite les unes des autres, dans un ordre régulier et déterminé d'avance, sans aucune distinction de culte ou autre" (article 8 al. 1). En ce qui concerne le cimetière juif, le Grand Conseil a décidé qu'on allait attendre qu'il soit saturé et que, quand il le serait, les juifs feraient comme tout le monde. Et comme les autorités ont refusé d'agrandir ce cimetière, la communauté israélite a décidé de construire un cimetière sur le territoire français, à Veyrier, dont l'entrée se trouve sur le territoire suisse et les tombes sur le territoire français.

Cédant à "des pressions politiques"[2], la ville de Genève a créé en 1979, en violation de la loi de 1876, un carré séparé réservé exclusivement aux musulmans dans le cimetière du Petit-Saconnex[3]. La nouvelle s'étant rapidement répandue, ce carré s'est aussitôt transformé de fait en cimetière islamique cantonal. Au début de l'année 1992, Michel Rossetti, Conseiller administratif chargé du Département des affaires sociales, a décidé d'interdire l'inhumation de tout musulman qui n'était pas domicilié sur le territoire de la ville de Genève[4], et que, lorsque le carré musulman serait saturé, "la loi de 1876 s'appliquerait indistinctement à toutes les communautés, y compris à la communauté musulmane"[5].

Ce faux pas de Genève, qui a consisté à créer un carré séparé réservé exclusivement aux musulmans en violation de la loi, continue à provoquer un débat acerbe

---

[1]   Message relatif à une nouvelle constitution fédérale, p. 143.
[2]   Réponse de Michel Rossetti à une question le 15.10.1996: Mémorial, séance du 15.10.1996, p. 1705-1705.
[3]   Lettre de Guy-Olivier Segond, Conseiller administratif de la ville de Genève à Me Henri Schmitt du 22.8.1979.
[4]   Lettre à l'auteur du Conseiller d'État Gérard Ramseyer du 10.6.1996.
[5]   Réponse de Michel Rossetti à une question le 15.10.1996: Mémorial, séance du 15.10.1996, p. 1705-1706.

dans les instances cantonales et municipales à Genève[1], ainsi que dans d'autres cantons, entre partisans et opposants du cimetière laïc. Et maintenant, non seulement les musulmans réclament des cimetières propres, mais également les juifs libéraux, les arméniens et les anglicans. Pour tenter d'y mettre fin, on ajouta le 19 juin 1997 un al. 3 à l'article 4 de la Loi de 1876 selon lequel "les emplacements sont attribués sans distinction d'origine ou de religion". Ce nouvel article renforce l'article 8 al. 1 susmentionné. Cette modification n'a pas pour autant calmé les esprits. Après de longs débats, les élus genevois ont décidé en 2007 d'autoriser les défunts à être enterrés selon leurs rites. Désormais, les "cimetières transfrontaliers" déjà utilisés sur territoire étranger peuvent bénéficier d'une autorisation accordée par le Conseil d'État. Autrement dit: à Veyrier, des tombes pourront être creusées dans la partie suisse. Un terrain de 1000 m2 qui permettra à la communauté israélite d'enterrer ses morts jusqu'en 2020. Par ailleurs, les tombes des cimetières du Petit-Saconnex et de Veyrier pourront être aménagées et orientées selon les rites du défunt dans les quartiers réservés aux concessions. Ces lieux ne devront toutefois ni être délimités, ni comporter de signes distinctifs. La création de cimetières privés reste interdite.

2. Direction de la tombe

Au début, Mahomet se tournait dans sa prière vers Jérusalem comme le font les juifs. Mais seize mois après son arrivée à Médine, il décida de remplacer la direction de Jérusalem par celle de la Kaaba, à la Mecque, pour se démarquer des juifs[2]. Les musulmans croient que la Kaaba fut construite par Abraham comme sanctuaire pour le culte de Dieu. Elle constitue l'objet le plus sacré chez les musulmans après le Coran.

Dans l'aide-mémoire de la *Fondation des cimetières islamiques suisses*, il est noté que les tombes doivent être orientées selon l'axe 40°-220°, et que le corps doit être étendu sur le côté droit de telle sorte que le visage soit orienté à 130° (direction de la Mecque).

Lorsque les fosses sont creusées les unes à la suite des autres, selon un ordre préétabli, la norme islamique pose problème quant à l'ordre à respecter dans les cimetières. Les cantons et les communes ont le droit, voire le devoir, de prescrire un tel ordre. Il en va de la décence de la sépulture. D'autre part, comme les morts sont enterrés sans distinction de religion, modifier l'orientation de la tombe d'un musulman dans une ligne, outre la disharmonie engendrée dans le cimetière, constitue une distinction entre les morts sur la base de la religion.

Même si une commune déroge à l'ordre dans le cimetière pour avoir des tombes dirigées vers la Kaaba, comme souhaité par les musulmans, ceux-ci n'acceptent pas pour autant de se faire enterrer près d'un "mécréant". Ainsi, la commune de Zollikon avait changé son Règlement pour permettre d'enterrer les musulmans dans la direction de la Kaaba, mais sans octroyer aux musulmans une parcelle à part. Les

---

[1]   Voir Mémorial, 15.9.1993, p. 977-990, et 12.1.1999, p. 2943-2958. Voir aussi 12.10.1999, p. 1432-1457.

[2]   Coran 2:144-145 et 150. Voir sur le changement de direction, , Shams-al-Din Ibn-Qayyim Al-Jawziyyah: Zad al-ma'ad fi huda khayr al-ibad, Dar Ibn-Hazm, Beyrouth, 1999, p. 391-392.

musulmans n'ont pas profité de cette opportunité, préférant rapatrier leurs morts à grands frais pour ne pas les ensevelir près d'un mécréant[1].

Dans une discussion que j'ai eue avec des musulmans, je leur ai proposé pour résoudre le problème de la direction des tombes d'installer des rétroviseurs dirigés vers la Mecque. Ils m'ont répondu que les morts ne voient pas. Ce à quoi j'ai répliqué que si les morts ne voient pas, il est où le problème?

3. Permanence des tombes

Le Coran ne dit rien concernant la permanence et la désaffectation des tombes. On rapporte cependant que Mahomet avait désaffecté des tombes de polythéistes pour y construire sa propre mosquée à Médine. Certains récits de Mahomet incitent au respect des tombes. Ainsi il aurait interdit de marcher avec des souliers de cuir parmi les tombes[2]. Il aurait aussi dit: "Casser les os d'un mort est comme casser les os d'un vivant"[3]; "Celui qui s'assoit sur une tombe, c'est comme celui qui s'assoit sur un brasier"[4].

Avec l'expansion de l'urbanisation, les pays musulmans se sont demandé s'il était possible de désaffecter les tombes. Plusieurs *fatwas* ont été émises à ce sujet. Certaines de ces *fatwas* étaient au début opposées à la désaffectation des cimetières, tout en permettant d'enterrer les morts les uns sur les autres. Mais elles ont fini par accepter aussi bien la réutilisation des tombes que la désaffectation totale des cimetières pour en faire un terrain agricole, pour y construire des bâtiments ou pour y faire passer des routes[5].

Une feuille de la *Fondation culturelle islamique* indique: "Il est strictement interdit de déterrer un mort sans une raison impérieuse, comme par exemple si la toilette du défunt n'a pas été faite ou s'il n'a pas de linceul". L'aide-mémoire de la *Fondation des cimetières islamiques suisses* dit: "L'exhumation est exclue; de telle sorte qu'il est nécessaire d'acquérir une concession perpétuelle".

Invoquant les articles constitutionnels relatifs à la liberté de conscience et de culte et au droit à un enterrement décent ainsi que des articles des documents internationaux, le Président de la *Fondation des cimetières islamiques suisses*, Abd-Allah Lucien Meyers, un converti, demanda en 1995 à sa commune la garantie d'une durée perpétuelle de la sépulture et le regroupement de toutes les tombes islamiques en un même endroit du cimetière public. La commune accepta de lui accorder une concession de 50 ans avec possibilité de renouvellement pour 20 ans mais refusa de regrouper les tombes islamiques. Il recourut au Conseil d'État zurichois, mais sans succès. Il s'adressa alors au Tribunal fédéral qui, lui aussi, rejeta sa de-

---

[1] Der Bund, 11.8.98 (Bundesstadt öffnet Friedhöfe für Andersgläubige) et 12.11.1999 (Muslime erhalten ein separates Gräberfeld).

[2] Abu-Da'ud, récit 2811; Al-Nisa'i, récit 2021.

[3] Abu-Da'ud, récit 2792; Ibn-Majah, récit 1605.

[4] Al-Nisa'i, récit 2017; Muslim, récit 1612; Abu-Da'ud, récit 2809.

[5] Al-fatawi al-islamiyyah min dar al-ifta al-masriyyah, Wazarat al-awqaf, le Caire, vol. 4, p. 1169-1170, n° 573; Ibid., vol. 4, p. 1173-1174, n° 575. Voir aussi Yusuf Al-Qaradawi: Min huda al-islam, fatawi mu'asirah, Dar al-qalam, Kuwait, 3ᵉ édition, 1987, vol. 1, p. 729-733; Milud Bukhal: Al-maqabir al-islamiyyah bayn ahkam al-shar' al-islami wa-muqtadayat al-qanun al-wad'i, in: Al-majallat al-maghribiyyah lil-idarah al-mahalliyyah wal-tanmiyah, no 16, 1996, p. 58.

mande le 5 juin 1999, estimant qu' "une telle obligation mettrait en question l'aménagement même et l'exploitation des cimetières publics et constituerait un usage privatif durable du domaine public. Or, même la liberté religieuse et des cultes n'impose pas à la collectivité une telle exigence qui limiterait de manière inacceptable sa marge de manœuvre face aux développements ultérieurs. De plus, en vertu du principe d'égalité, des sépultures perpétuelles devraient être offertes à tous les citoyens, ce qui entraînerait d'importants problèmes"[1].

Les musulmans ont fini par céder sur la condition de la concession perpétuelle à Berne et à Bâle-Ville. Les tombes musulmanes, comme toutes les tombes à la ligne, peuvent être réutilisées après vingt ans, sans évacuation des ossements. Mais cette réutilisation est limitée à des musulmans puisque les tombes se trouvent dans un carré réservé exclusivement aux musulmans.

4. Incinération

Le Coran mentionne l'enterrement des morts (5:31; 20:55). On trouve par ailleurs des récits selon lesquels Mahomet aurait interdit de mettre à mort par le feu[2]. Un récit de Mahomet, vise à démontrer que Dieu est capable de ressusciter l'homme même s'il est incinéré et ses cendres dispersées par le vent. Il ne comporte aucune désapprobation de l'incinération[3]. Dans certains pays arabes, il existe des crématoires pour ceux dont les normes religieuses permettent l'incinération. C'est le cas en Égypte[4]. Certes, l'incinération n'est pas d'usage chez les musulmans, mais le Coran permet un changement dans ce domaine puisqu'il interdit de gaspiller inutilement de l'argent (17:26) et d'endommager la nature (2:60). D'ailleurs, certains musulmans recourent déjà à l'incinération en Occident, notamment parmi ceux qui sont mariés à des non-musulmanes.

L'aide-mémoire de la *Fondation des cimetières islamiques suisses* indique: "L'incinération est absolument interdite".

La Suisse a connu le même débat sur l'incinération que le reste de l'Europe. Lors de la rédaction de la Constitution de 1874, la question de l'incinération n'a pas été évoquée. De ce fait, l'article 53 al. 2 de la Constitution de 1874 ne parle que du droit d'être "enterré décemment". L'incinération est pratiquée soit à la demande du défunt, soit à la demande de ses proches, la volonté du défunt primant sur celle des proches. La communauté religieuse du défunt n'a pas le droit d'intervenir pour interdire une incinération parce que cette dernière ne peut pas être considérée comme indécente. Signalons ici la concession faite par la ville de Berne qui, en octroyant à la communauté musulmane un carré séparé dans le cimetière public, lui a fait la

---

[1]   Arrêt du Tribunal fédéral 125 I 300. Trad. française in: Revue de droit administratif et de droit fiscal, vol. 56.6.2000, p. 636.

[2]   Al-Bukhari, récit 2794. Voir aussi Al-Bukhari, récits 1378 et 6411; Ahmad, récits 1775, 1802, 2420 et 2421; Al-Tirmidhi, récit 1378; Al-Nisa'i, récit 3992; Abu-Da'ud, récit 3787. Mais on signale que Mahomet aurait ordonné de brûler un village nommé Abna (Ibn-Majah, récit 2833; Ahmad, récit 20786).

[3]   Voir ce récit sous différentes formes in: Al-Bukhari récits 3219, 6000 et 6954; Muslim, récits 4950 et 4952; Al-Nisa'i, récit 2052; Ibn-Majah, récit 4245; Ahmad, récits 7327, 10674, 10704, 11237, 11312 et 19184.

[4]   La loi 5/1966 (article 6) et le décret d'exécution 418/1970 (article 19).

promesse qu'on ne placera pas à l'avenir dans ce carré de cendres ou d'urnes contenant des cendres[1]. Cela signifie que l'incinération est considérée comme une sépulture indécente et que la commune donne aux responsables de la communauté musulmane la possibilité de contraindre les musulmans à renoncer à l'incinération sous peine d'être interdits d'enterrement dans le carré musulman. Il s'agit là d'une atteinte à la liberté religieuse contraire à la Constitution.

Le problème de l'incinération des musulmans s'est posé à Lausanne en mars 2001[2]. Ben Younes Dhif, un Marocain musulman marié à une Vaudoise chrétienne a exprimé le souhait d'être incinéré, et sa femme voulait respecter ses vœux. Deux neveux de Ben Younes, venus de France, s'y sont opposés et ont alerté la presse, l'Ambassade du Maroc, les mosquées et les centres islamiques. Une pétition a même été lancée. Pour empêcher l'incinération, les neveux de Ben Younes ont mandaté un avocat qui est immédiatement intervenu auprès du Tribunal de district de Lausanne. Face aux pressions exercées sur elle, la veuve a fini par céder au tribunal, renonçant à ce que la justice se décide sur ce cas. Elle n'a pas voulu se battre autour de la dépouille de son mari[3]. Ce cas a laissé un goût d'amertume parmi plusieurs chrétiens qui ont été ainsi confirmés dans leur idée que les musulmans sont incapables ou refusent de s'intégrer. Mais nous pensons que les musulmans vivant en Suisse ne pourront pas échapper à ce débat et finiront par adopter l'incinération comme la majorité de la population suisse.

Pour conclure la question des cimetières, on peut dire que seul le premier argument (refus d'être enterré près d'un mécréant) pourrait justifier l'octroi d'un cimetière ou d'un carré séparé réservé exclusivement aux musulmans. Mais cet argument pose problème car il est discriminatoire, et l'État n'a pas à se porter garant de la discrimination. Nous estimons que les autorités fédérales doivent rapidement réhabiliter le projet de 1880 (produit en annexe) afin de mettre fin à ces pratiques contraires au bon sens et au principe de l'égalité entre les vivants et les morts. On ne peut à cet égard que s'étonner devant le soutien inconsidéré de la part des Églises catholique et protestante et de la *Commission fédérale contre le racisme* à la création de cimetières ou de carrés séparés. Si on veut intégrer les musulmans sur sol helvétique, il faut plaider pour leur intégration sous le sol helvétique. Nous estimons que la Déclaration universelle des droits de l'homme doit s'appliquer aussi bien entre les vivants qu'entre les morts.

---

[1]   Séance du 9.11.1999.

[2]   Un cas similaire se serait présenté à Genève. Un Tunisien travaillant à l'ONU, marié à une chrétienne, avait exprimé le souhait de se faire incinérer, mais ses parents musulmans se sont opposés à la réalisation de son vœu malgré l'avis favorable de sa femme. Il fut alors enterré dans le cimetière musulman de Genève.

[3]   Le Matin, 7 et 10.3.2001, articles de Jean-A. Luque.

Partie 3.
Réponses aux revendications musulmanes

Après avoir identifié l'origine du problème, à savoir la conception musulmane de la loi, et examiné son impact sur la Suisse, nous verrons dans cette partie les réponses des libéraux musulmans et celles attendues des occidentaux aux revendications des musulmans.

Chapitre 1.
Réponses des libéraux musulmans

L'application du droit musulman pose des problèmes aux yeux des libéraux musulmans. Pour y remédier, ils ne se satisfont pas de critiquer certaines normes musulmanes discriminatoires, mais essaient de s'attaquer aux racines de ces normes. Nous donnons ici quelques méthodes préconisées par eux[1].

1. Couper le Coran en deux

Le Coran, la première source du droit musulman, est composé de 86 chapitres dits mecquois (révélés à la Mecque entre 610 et 622), et 28 chapitres dits médinois (révélés à Médine entre 622 et 632, année de la mort de Mahomet). Ce sont ces derniers chapitres qui comportent les normes juridiques. Certains libéraux musulmans estiment que le véritable islam est représenté dans les chapitres mecquois, alors que les chapitres médinois reflètent un islam politique, conjoncturel. Ils sont d'avis que les chapitres mecquois du Coran abrogent ceux médinois. Ce faisant, ils vident le Coran de sa subsistance juridique. Les êtres humains retrouvent ainsi la liberté de légiférer selon leurs intérêts temporels, sans devoir se soumettre aux normes du Coran. Cette théorie a été prônée par le penseur soudanais Muhammad Mahmud Taha[2], ce qui lui a valu d'être condamné à mort le 18 janvier 1985. C'est pour appuyer cette théorie que nous avons publié une édition et traduction du Coran par ordre chronologique[3], contrairement aux éditions courantes qui classent les chapitres par ordre de longueur, à quelques exceptions près, ce qui rend le Coran incompréhensible.

---

[1]   Pour plus de détails, voir notre ouvrage: Introduction à la société musulmane: fondements, sources et principes, Eyrolles, Paris, 2005, p. 326-348.

[2]   Muhammad Mahmud Taha: Al-risalah al-thaniyah min al-islam, s. m., Umdurman, 6e éd., novembre 1986. Les ouvrages de Taha, introuvables dans les pays arabes, sont reproduits sur internet dans le site Al-fikrah al-jumhuriyyah: http://www.alfikra.org/book_view_a.php?book_id=10 (7.6.2008). L'ouvrage en question a été traduit en anglais par un des disciples de Taha, Abdullahi Ahmed An-Na'im (Muhammad Mahmud Taha: The second message of Islam, Syracuse Univ. Press, Syracuse N.Y. 1996).

[3]   Sami A. Aldeeb Abu-Sahlieh: Le Coran, texte arabe et traduction française par ordre chronologique selon l'Azhar, avec renvoi aux variantes, aux abrogations et aux écrits juifs et chrétiens, Éditions de l'Aire, Vevey, 2008. Voir un extrait de cette traduction dans: http://www.sami-aldeeb.com/files/article/282/Arabic_Coran_preface_ et_introduction.pd.

2. Se limiter au Coran et rejeter la Sunnah

La Sunnah (tradition de Mahomet) est la deuxième source du droit musulman. Des milieux libéraux estiment qu'ils ne sont tenus que par le Coran, parole de Dieu, rejetant la Sunnah, jugée de fabrication humaine et peu fiable, ayant été réunie dans des recueils rédigés longtemps après la mort de Mahomet. Ce courant (souvent appelé coraniste) cherche par-là à limiter la portée du droit musulman. À titre d'exemple, la peine de mort contre l'apostat et la lapidation pour adultère ne sont pas prévues par le Coran, mais par la Sunnah. Les adeptes de ce courant sont considérés par les autorités religieuses musulmanes comme apostats, et un des leurs, Rashad Khalifa[1], d'origine égyptienne, a été assassiné aux États-Unis en 1990 à la suite d'une fatwa émise contre lui par l'Académie de jurisprudence islamique.

3. Distinguer entre Shari'ah et Fiqh

Les deux termes arabes *Shari'ah* et *Fiqh* sont utilisés indistinctement pour désigner le droit musulman. Certains libéraux, cependant, font une distinction entre les deux. Ainsi, le juge égyptien Muhammad Sa'id Al-'Ashmawi indique que le terme *Shari'ah* n'a été utilisé comme tel qu'une seule fois dans le Coran (45:18) et trois fois sous forme dérivée (42:13; 5:48; 42:21). Elle signifie non pas la loi mais la voie à suivre telle que révélée par Dieu dans le Coran; l'infaillibilité ne concerne que les normes qui s'y trouvent. Quant au *Fiqh*, il constitue l'ensemble des écrits des juristes basés sur le texte coranique: commentaires, opinions de la doctrine, fatwas, etc. Ces écrits, à tort, ont été considérés comme formant la *Shari'ah*. Or, le Coran met en garde de suivre une autorité religieuse quelconque (9:31; 2:165; 3:64) ou d'octroyer une sainteté à une norme en dehors du texte révélé[2].

4. Recourir au critère de l'intérêt

C'est la théorie du philosophe égyptien Zaki Najib Mahmud (d. 1993) selon lequel il ne faut prendre du passé arabe que ce qui est utile dans notre société. L'utilité est le critère tant en ce qui concerne la civilisation arabe qu'en ce qui concerne la civilisation moderne[3]. Pour juger ce qui est utile et ce qui ne l'est pas, il faut recourir à la raison, quelle que soit la source: révélation ou non-révélation[4]. Ce qui suppose le rejet de toute sainteté dont est couvert le passé.

5. Interprétation libérale

Le Professeur Abu-Zayd de l'Université du Caire a tenté une interprétation libérale du Coran. Un groupe fondamentaliste a intenté un procès contre lui pour apostasie. L'affaire est arrivée jusqu'à la Cour de cassation qui confirma sa condamnation le 5 août 1996[5], et requit la séparation entre lui et sa femme, un apostat ne pouvant pas

---

[1] Rashad Khalifa: Quran, hadith and islam, Islamic productions, Tucson, 1982. Cet ouvrage se trouve sur le site du groupe qu'il a fondé: http://www.submission.org/hadith/ (7.6.2008).

[2] Muhammad Sa'id Al-'Ashmawi: Al-riba wal-fa'idah fil-islam, Sina lil-nashr, le Caire, 1988, p. 26-29.

[3] Zaki Najib Mahmud: Tajdid al-fikr al-'arabi, Dar al-shuruq, Beyrouth et le Caire, 1974, p. 18-20; Zaki Najib Mahmud: Al-ma'qul wal-la ma'qul, Dar al-shuruq, Beyrouth et le Caire, 1976, p. 34.

[4] Mahmud: Tajdid al-fikr al-'arabi, op. cit., p. 21; Zaki Najib Mahmud: Thaqafatuna fi muwajahat al-'asr, Dar al-shuruq, Beyrouth et le Caire, 1976, p. 96.

[5] Décision publiée par Al-Mujtama' al-madani (le Caire), septembre 1996.

épouser une musulmane. Le couple a dû s'enfuir de l'Égypte et demander l'asile politique en Hollande par peur de se faire tuer.

6. Mettre les normes musulmanes dans leur contexte historique

C'est la méthode proposée par le juriste et ancien ministre tunisien Muhammad Charfi (d. 2008) pour qui les normes coraniques ne concernent que l'époque dans laquelle elles ont été établies. Elles ne peuvent donc être appliquées en tout temps et en tout lieu[1]. Muhammad Ahmad Khalaf-Allah (d. 1997) va encore plus loin. Selon lui, le Coran, en déclarant que Mahomet est le dernier des prophètes (Coran 33:40), octroie à la raison humaine sa liberté et son indépendance afin qu'elle décide des affaires de cette vie en conformité avec l'intérêt général[2]. Il estime que Dieu nous a accordé le droit de légiférer dans les domaines politiques, administratifs, économiques et sociaux. Les normes que nous établissons deviennent conformes au droit musulman parce qu'elles émanent de nous par procuration de la part de Dieu. Et ces normes peuvent être modifiées en fonction du temps et de l'espace afin qu'elles réalisent l'intérêt général et une vie meilleure[3].

7. Qu'en pensent les islamistes?

Ces idées ne sont pas du goût des islamistes. Ces derniers n'hésitent pas à qualifier les adeptes de la laïcité d'athées, de mécréants, de traîtres[4]. Al-Qaradawi, Président du Conseil Européen de la Fatwa et de la Recherche, explique que le chrétien peut bien être laïc tout en restant chrétien puisque la religion chrétienne ne comporte pas de normes juridiques. Ceci n'est pas le cas pour le musulman dont la religion régit aussi bien les choses spirituelles que temporelles. Par conséquent, écrit-il:

> Le laïc [musulman] qui refuse le principe de l'application du droit musulman n'a de l'islam que le nom. Il est un apostat sans aucun doute. Il doit être invité à se repentir, en lui exposant, preuves à l'appui, les points dont il doute. S'il ne se repent pas, il est jugé comme apostat, privé de son appartenance à l'islam – ou pour ainsi dire de sa "nationalité musulmane", il est séparé de sa femme et de ses enfants, et on lui applique les normes relatives aux apostats récalcitrants, dans cette vie et après sa mort[5].

Al-Qaradawi ajoute:

> La laïcité estime qu'elle a le droit d'établir la loi pour la société, et que l'islam n'a pas le droit de gouverner et de légiférer, de dire ce qui est licite et ce qui est illicite. Ce faisant, la laïcité usurpe le pouvoir absolu de Dieu dans le domaine de la législation et le donne à l'être humain. Elle fait ainsi de l'homme un égal de Dieu qui l'a créé. Bien plus, elle place la parole de l'homme au-dessus de la

---

[1]   Voir Mohamed Charfi: Islam et liberté, le malentendu historique, Albin Michel, Paris, 1998.

[2]   Muhammad Ahmad Khalaf-Allah: Al-Qur'an wa-mushkilat hayatina al-mu'asirah, Al-mu'assasah al-'arabiyyah lil-dirasat wal-nashr, Beyrouth, 1982, p. 32.

[3]   Muhammad Ahmad Khalaf-Allah: Al-Qur'an wal-dawlah, Maktabat al-anglo-al-masriyyah, le Caire, 1973, p. 189-192.

[4]   Muhammad Moro, fondateur du Mouvement du Jihad musulman, a écrit à cet égard un livre dont le titre dit long: "Laïcs et traîtres" (Moro, Muhammad: 'Ilmaniyyun wa-khawanah, Al-Rawdah, le Caire, 1996).

[5]   Yusuf Al-Qaradawi: Al-islam wal-'ilmaniyyah, p. 73-74.

parole de Dieu, lui accordant un pouvoir et une compétence confisqués à Dieu. L'homme devient de la sorte un dieu gouverné par ce qu'il veut [...]. La laïcité accepte le droit positif, qui n'a ni histoire, ni racine, ni acceptation générale, et récuse le droit musulman que la majorité considère comme loi divine, équitable, parfaite et éternelle[1].

L'Académie islamique du fiqh qui dépend de l'OCI a rendu la fatwa suivante concernant la laïcité dans sa réunion tenue à Manama du 14 au 19 novembre 1998[2]:

- La laïcité (qui signifie la séparation entre la religion et la vie) est née en réaction aux abus commis par l'Église.

- La laïcité a été diffusée dans les pays musulmans par les forces coloniales et leurs collaborateurs et sous l'influence de l'orientalisme. Elle a divisé la nation musulmane, semé le doute dans sa croyance juste, défiguré l'histoire brillante de notre nation, créé l'illusion dans la génération qu'il existe une contradiction entre la raison et les textes de la shari'ah, œuvré pour le remplacement de notre noble shari'ah par des lois positives, propagé le libertinage, la dissolution des mœurs et la destruction des nobles valeurs.

- La laïcité a donné naissance à la majorité des idées destructrices qui ont envahi nos pays sous différents noms comme le racisme, le communisme, le sionisme, la franc-maçonnerie, etc. Ceci a conduit à la perte des richesses de la nation et à la détérioration de la situation économique, et a contribué à l'occupation de certains de nos pays comme la Palestine et Jérusalem, ce qui prouve son échec à réaliser le moindre bien pour notre nation.

- La laïcité est un système de droit positif basé sur l'athéisme opposé à l'islam dans sa totalité et dans ses détails. Elle se rencontre avec le sionisme mondial et les doctrines libertines et destructrices. Elle est, par conséquent, une doctrine athée rejetée par Dieu, son Messager et les croyants.

- L'islam est une religion, un État et une voie de vie complète. C'est le meilleur pour tout temps et tout lieu. Il ne peut accepter la séparation entre la religion et la vie, mais exige que toutes les normes soient dérivées de la religion et que la vie pratique soit colorée par l'islam dans les domaines de la politique, de l'économie, de la société, de l'éducation, de l'information, etc.

L'Académie demande aux autorités politiques musulmanes "de protéger les musulmans et leurs pays contre la laïcité et de prendre les mesures nécessaires pour les en prévenir".

---

[1] Ibid., p. 118-119.
[2] Sami A. Aldeeb Abu-Sahlieh: Introduction à la société musulmane: fondements, sources et principes, Eyrolles, Paris, 2005, p. 347. Texte arabe dans: www.moia. gov. bh/010a.htm.

Chapitre 2.
Réponses attendues des Occidentaux

1. Reconnaître le problème

Rares sont les penseurs occidents qui sont informés du débat idéologique au sujet de la conception musulmane de la loi, et ce pour deux raisons. En premier lieu, ils ont oublié les épisodes dramatiques qui ont précédé la présente laïcisation. Ils jouissent des résultats des luttes menées par les générations passées pour séparer l'Église de l'État. Nous devons remarquer que bien que très violente, cette lutte-là est moins tragique que la lutte que la société musulmane doit probablement mener avant d'obtenir une séparation, non pas entre l'État et l'Église (laquelle n'existe pas dans la société musulmane) mais entre l'État et lois religieuses. Et c'est la deuxième raison de l'inconscience des penseurs occidentaux. Ils n'ont jamais éprouvé une telle situation. Ils ignorent souvent la différence entre les deux sources fondamentales de loi musulmane (le Coran et le Sunnah) et l'Évangile. Le Coran et la Sunnah sont des textes légaux. La loi musulmane, d'après la grande majorité des constitutions musulmanes, est une source, voire la source principale de la loi. Séparer l'État des lois religieuses signifie en fait abandonner l'islam. Cela signifie apostasier, avec ses conséquences fatales. Cela signifie l'athéisme.

C'est un dilemme qui nécessite des efforts énormes de rationalisation et une liberté d'expression. Ces deux conditions manquent dans la société musulmane. Et ici la contribution de l'Occident est précieuse. L'Occident a la liberté d'expression (bien qu'incomplète) et a atteint un haut niveau de rationalisation. Les penseurs occidentaux devraient analyser correctement le concept de la révélation et aider les penseurs musulmans à prendre part à une telle analyse.

Pour faire face aux islamistes, l'Occident devrait commencer à enseigner dans ses facultés de théologie et dans ses écoles que la révélation en tant que texte définitif et clos à jamais est un concept faux et dangereux pour l'humanité, que chaque humain a une mission à remplir sur cette terre, que l'Esprit n'arrête pas de souffler, et que Dieu n'est pas à la ménopause incapable de produire d'autres prophètes. Le Prophète Joël dit à cet égard:

> Je répandrai mon Esprit sur toute chair. Vos fils et vos filles prophétiseront, vos anciens auront des songes, vos jeunes gens, des visions. Même sur les esclaves, hommes et femmes, en ces jours-là, je répandrai mon Esprit (Joël 3:1-2).

Cette idée est confirmée par Saint Paul qui écrit aux Corinthiens:

> Vous pouvez tous prophétiser à tour de rôle, pour que tous soient instruits et tous exhortés (1 Corinthiens 14:31).

Si une telle idée est enseignée en Occident, elle peut progressivement faire par la suite son chemin chez les musulmans comme chez les juifs. Sans cela, le 21e siècle sera ravagé par des guerres de religion, attisées par des hallucinés juifs, chrétiens ou musulmans, tous prétendant obéir à des ordres de Dieu donnés dans le passé lointain et invérifiables.

Le but de cette démarche est de créer la pré-condition pour la naissance d'un Siècle des Lumières dans la société musulmane ainsi que dans la société juive.

2. Former des spécialistes

On ne peut imaginer un État sans médecin, sans vétérinaire, sans boucher, sans boulanger. De même, on ne peut imaginer un État dont la communauté musulmane augmente à vue d'œil puisse ignorer la nécessité de former des spécialistes en droit musulman pour pouvoir comprendre les musulmans et dialoguer avec eux. Et sur ce plan, l'Occident est en retard au moins de vingt ans. À titre d'exemple, aucune faculté de droit en Suisse ne donne de cours en droit musulman à ses étudiants. Comment ces juristes pourront-ils alors traiter avec les musulmans sans avoir la moindre notion du droit musulman? En plus de la formation de spécialistes du droit musulman, il faut aussi veiller à la formation des imams en Suisse et à ce que cette formation soit en conformité avec le droit suisse.

3. Mesures juridiques

Bien que primordiaux, le débat idéologique et la formation de spécialistes peuvent nécessiter beaucoup de temps et d'énergie, et peut-être aussi beaucoup de vies sacrifiées. Entre-temps, les sociétés occidentales doivent se protéger des conséquences de la conception musulmane de la loi sur leurs systèmes démocratiques et leur intégrité territoriale. Elles doivent exiger le respect de leurs lois par les musulmans qui habitent à l'intérieur de leurs frontières et être très prudentes devant toute demande de cette communauté qui enfreint la laïcité. Elles ne devraient pas donner leur nationalité à ceux qui considèrent leurs normes religieuses comme supérieures aux normes de l'État. Certes, on ne peut exiger d'un musulman de manger du porc ou de boire du vin pour pouvoir bénéficier de la naturalisation. Mais on est en droit de lui demander le respect des principes fondamentaux comme la liberté de religion et des normes qui en découlent. Il faudrait donc déterminer les normes islamiques qui entrent en conflit avec les normes occidentales et voir lesquelles de ces dernières doivent être respectées par l'étranger.

Cette rigueur doit être aussi observée en ce qui concerne les demandeurs d'asile politique. La Convention relative aux réfugiés dit à son article 2: "Tout réfugié a, à l'égard du pays où il se trouve, des devoirs qui comportent notamment l'obligation de se conformer aux lois et règlements ainsi qu'aux mesures prises pour le maintien de l'ordre public".

4. Dialogue interreligieux courageux

Certains disent que tant qu'on dialogue, on ne fait pas la guerre. Mais le dialogue interreligieux qui n'est pas fondé sur la franchise et le respect des droits de l'homme reste stérile et constitue une perte de temps. Les Églises chrétiennes rendent un mauvais service à leurs adeptes et aux musulmans en adoptant un discours de convenance et en soutenant les revendications des musulmans sans tenir compte des arrière-pensées et des conséquences, comme ce fut le cas en Suisse en matière de cimetières et d'abattage rituel. Il suffit ici de signaler que les décennies de dialogue interreligieux initié par les Églises avec les musulmans n'ont même pas réussi à mettre un terme à la norme discriminatoire musulmane qui permet aux musulmans d'épouser des femmes non-musulmanes mais interdit le mariage des non-musulmans avec des femmes musulmanes.

Il nous faut dire ici un mot à propos de la *Commission fédérale contre le racisme* qui adopte des positions inconsidérées. Cette commission ne manque pas de critiquer, à juste titre, toute discrimination dont sont victimes les musulmans. Mais à aucun moment elle n'a relevé les discriminations découlant de normes islamiques ou provoquées par les musulmans en Suisse. Ceci est facilement démontrable à travers ses nombreux écrits publiés sur son site[1]. Par cette attitude partiale et peu professionnelle, cette Commission attise la xénophobie à l'égard des musulmans au lieu de la combattre. On ne saurait dire si cette attitude est due à son ignorance de la réalité ou à la manipulation des membres musulmans de cette Commission. Nous avons pu voir plus haut qu'un de ses membres de religion musulmane a soutenu la proposition de Christian Giordano pour l'application en Suisse du droit musulman par des tribunaux musulmans (partie 2, chapitre 3, point 3). C'est d'ailleurs une des raisons pour lesquelles certains groupes politiques demandent sa dissolution pure et simple[2].

5. Apprendre du cas des juifs en France

Nous avons dit au début de cet ouvrage qu'il est faux de parler de culture judéo-chrétienne, mais plutôt de culture judéo-musulmane. Dans leurs rapports avec les musulmans, les pays occidentaux sont aujourd'hui confrontés au même problème qu'a connu la France dans ses rapports avec les juifs, dont le nombre était bien plus inférieur que celui des musulmans. Il est intéressant de voir comment la France a résolu ce problème.

Dans ce pays, la Déclaration des droits de l'homme et du citoyen du 26 août 1789 affirme: "Tous les citoyens, étant égaux [aux yeux de la loi], sont également admissibles à toutes dignités, places et emplois publics, selon leur capacité et sans autre distinction que celle de leurs vertus et de leurs talents" (article 6); "Nul ne doit être inquiété pour ses opinions, même religieuses, pourvu que leur manifestation ne trouble pas l'ordre public établi par la loi" (article 10).

Par cette prise de position nette, l'État refuse d'étiqueter ses sujets par leurs religions. Ils sont citoyens et c'est cela qui lui importe. On peut dire que la religion est dépolitisée; elle ne doit pas se mêler de la gestion politique de la cité.

Les chefs du Parti patriotique, en bons disciples des philosophes, malgré leur manque de sympathie pour le judaïsme, ont compris que, tant que la religion demeure le critère de distinction, aucune assimilation et aucune régénération des juifs n'est possible. Le Comte de Clermont-Tonnerre lance alors sa fameuse formule: "Il

---

[1]   Voir ces documents sur: http://www.ekr.admin.ch/index.html?lang=fr.

[2]   Voir par exemple: http://www.parlament.ch/f/suche/pages/gesch aefte.aspx?gesch_id=20043771; http://www.lecourrier.ch/ index.php? name=NewsPaper&file=article&sid=436763; http:// www.cicad.ch /index.php?id=566&tx_ttnews%5Btt_news%5D=1332&tx_ttnews%5BbackPid%5D=565&cHash =cf2cb7c144; http://www.parl ament.ch/f/ suche/pages/geschaefte.aspx?gesch_id=20071024.

faut tout refuser aux juifs comme nation et tout leur accorder comme individus; il faut qu'ils ne fassent dans l'État ni un corps politique, ni un ordre; il faut qu'ils soient individuellement citoyens"[1].

Le clergé catholique manifesta son opposition contre le changement du statut des juifs[2]. Il était toujours fidèle au vieil anti-judaïsme théologique hérité des Pères de l'Église, et à la thèse de la réprobation' divine et à la malédiction d'Israël[3].

Napoléon réplique: "Je ne prétends pas dérober à la malédiction dont elle est frappée, cette race qui semble avoir été seule exceptée de la rédemption, mais je voudrais la mettre hors d'état de propager le mal qui ravage l'Alsace, et qu'un juif n'eût pas deux morales différentes, l'une dans ses rapports avec ses frères, l'autre, dans ses rapports avec les chrétiens"[4]. Son but était de faire d'une "population d'espions, qui ne sont point attachés au pays" de bons citoyens[5].

Le 27 septembre 1791, l'Assemblée nationale prit la décision suivante: "L'Assemblée nationale, considérant que les conditions nécessaires pour être citoyen français et pour devenir citoyen actif sont fixées par la Constitution; et que tout homme qui, réunissant les dites conditions, prête le serment civique et s'engage à remplir tous les devoirs que la Constitution impose, a droit à tous les avantages qu'elle assure; révoque tous ajournements, réserves et exceptions insérés dans les précédents décrets relativement aux individus juifs qui prêteront le serment civique, qui sera regardé comme une renonciation à tous privilèges et exceptions introduits précédemment en leur faveur"[6].

L'étape suivante se caractérise par la soumission des juifs aux lois laïques de l'État. "La nation juive, dit Napoléon, est constituée, depuis Moïse, usurière et oppressive [...]. Ce n'est donc pas avec des lois de métaphysique qu'on régénèrera les juifs"[7]. Il réunit une assemblée des notables juifs et le grand sanhédrin. Ils avaient à répondre à douze questions. Un défi leur était lancé: "Sa Majesté, leur dit un intermédiaire nommé par Napoléon, veut que vous soyez Français; c'est à vous d'accepter un pareil titre et de songer que ce serait y renoncer que de ne pas vous en rendre dignes"[8]. Les questions posées étaient ainsi libellées[9]:

1. Est-il licite aux juifs d'épouser plusieurs femmes?

2. Le divorce est-il permis par la loi juive? Le divorce est-il valable sans qu'il soit prononcé par les tribunaux et en vertu de lois contradictoires à celles du code français?

[1] Cité par François Delpech: De 1789 à nos jours, in Histoire des juifs en France, Privat, Toulouse 1972, p. 279.
[2] Ibid., p. 279.
[3] Ibid., p. 267.
[4] Ibid., p. 291.
[5] Loc. cit.
[6] Ibid., p. 281.
[7] Ibid., p. 291.
[8] Ibid., p. 293.
[9] Ibid., p. 293-294.

3. Une juive peut-elle se marier avec un chrétien et une chrétienne avec un juif? Ou la loi veut-elle que les juifs ne se marient qu'entre eux?

4. Aux yeux des juifs, les Français sont-ils des frères ou sont-ils des étrangers?

5. Dans l'un et l'autre cas, quels sont les rapports que leur loi prescrit avec les Français qui ne sont pas de leur religion?

6. Les juifs nés en France et traités par la loi comme citoyens français regardent-ils la France comme leur patrie? Ont-ils l'obligation de la défendre? Sont-ils obligés d'obéir aux lois et de suivre toutes les dispositions du code civil?

7. Qui nomme les rabbins?

8. Quelle juridiction de police exercent les rabbins parmi les juifs? Quelle police judiciaire exercent-ils parmi eux?

9. Ces formes d'élection, cette juridiction de police, sont-elles voulues par leur loi ou seulement consacrées par l'usage?

10. Est-il des professions que la loi des juifs leur défende?

11. La loi des juifs leur défend-elle de faire l'usure à leurs frères?

12. Leur défend-elle ou leur permet-elle de faire l'usure aux étrangers?

Conscients de l'importance de l'enjeu, les juifs assemblés s'empressèrent de répondre que le judaïsme prescrivait de tenir comme loi suprême la loi du prince en matière civile et politique, et qu'eux-mêmes s'étaient toujours fait un devoir de se soumettre aux lois de l'État. La polygamie était abandonnée depuis longtemps et le divorce civil reconnu. La seule question embarrassante était celle des mariages mixtes. Après une vive discussion, ils firent une réponse conciliante mais habile: ces mariages n'étaient pas absolument interdits, mais les rabbins ne seraient pas plus disposés à bénir le mariage d'une chrétienne avec un juif, ou d'une juive avec un chrétien, que les prêtres catholiques ne consentiraient à bénir de pareilles unions[1].

Un dicton dit: "Celui qui oublie l'histoire est condamné à la répéter". À méditer.

---

[1] Ibid., p. 294.

Annexes

Nous produisons ici deux textes. Le premier est un modèle de contrat de mariage entre musulmans et non-musulmans, dont le but est de prévenir les conflits. Le deuxième est le Projet de loi fédérale du 24 mai 1880 concernant la sépulture en exécution de l'article 53 de la Constitution fédérale de 1874. Ce Projet devrait être soumis au Parlement afin de mettre fin au désordre actuel dans le domaine des cimetières provoqué par les revendications de la part des juifs et des musulmans.

1. Modèle de contrat de mariage mixte entre musulmans et non-musulmans

Ce modèle de contrat devrait être rempli séparément par les deux futurs conjoints qui procèdent ensuite à la comparaison de leurs réponses. Le texte final accepté par les deux doit être signé devant un notaire qui en garde un exemplaire. Biffez ou modifiez les passages qui ne conviennent pas.

1. Célébration du mariage

Après mûre réflexion, les soussignés

M............   Né le.....................

Nationalité............   Religion................

État civil (célibataire, divorcé, veuf)

et

Mme............   Née le....................

Nationalité..............   Religion................

État civil (célibataire, divorcée, veuve)

ont convenu de ce qui suit:

Le mariage a lieu

en Suisse   devant l'état civil de ....

à l'étranger (nom du pays) ....   devant ....

Le mariage civil est suivi d'une cérémonie religieuse

(spécifier la cérémonie) ....

ou

Le mariage civil n'est pas suivi d'une cérémonie religieuse.

Leur domicile commun sera (nommer le pays) ....

La femme garde la nationalité suisse.

Elle garde son nom de famille, (ou) elle adopte le nom de famille de son mari.

2. Liberté religieuse des époux

Chacun des époux entend garder sa religion et s'engage à respecter la liberté de religion et de culte de l'autre, y compris le droit de changer de religion.

Le mari et la femme s'engagent à ne pas imposer l'un à l'autre leurs normes relatives à la nourriture.

3. Fidélité et monogamie

Le mari et la femme se doivent aide et fidélité. Ils attestent qu'ils ne sont pas déjà mariés au moment du mariage. Chacun s'engage à ne pas épouser une autre personne tant que ce mariage est maintenu. En cas de fausse attestation ou de violation de l'engagement mentionné, chacun des deux partenaires acquiert le droit de demander le divorce pour cette raison.

4. Enfants

Le mari et la femme affirment s'être soumis à des examens prénuptiaux et s'être mis au courant des résultats de ces examens.

Les enfants seront de religion ....

Ils seront éduqués dans cette religion. Ils bénéficieront de la liberté religieuse à partir de l'âge de 16 ans, y compris le droit de changer de religion, sans aucune contrainte de la part des parents ou de leurs familles respectives, conformément à l'article 303 alinéa 3 du Code civil suisse.

Les enfants porteront des prénoms européens, chrétiens, musulmans, arabes, neutres. Le choix du prénom sera fait d'entente entre les deux parents (éventuellement indiquer déjà les prénoms).

Les enfants seront baptisés à l'âge de ....

Ils choisiront librement de se faire circoncire ou exciser dès l'âge de 18 ans s'ils le souhaitent.

Les enfants seront scolarisés dans des écoles publiques, musulmanes, chrétiennes, juives.

Les enfants seront inscrits sur le passeport de leur mère.

Le conjoint musulman ne s'opposera pas au mariage de ses filles avec un non-musulman.

5. Rapports économiques

Le mari et la femme contribuent sur une base d'égalité, chacun selon ses moyens, aux dépenses du ménage et à l'éducation des enfants. Ils décident conjointement des affaires du couple.

Le régime matrimonial est soumis au droit suisse. Le mari et la femme optent pour le régime (nommer le régime) ....

6. Normes vestimentaires, travail et voyage

Le mari et la femme s'engagent à ne pas s'imposer mutuellement, ni à leurs enfants, des normes islamiques concernant les vêtements, la vie sociale ou l'éducation scolaire et sportive.

La femme décide elle-même de son travail. Elle n'a pas besoin de l'autorisation du mari pour ses voyages et l'obtention des titres de voyages et d'identité pour elle-même et pour ses enfants.

7. Dissolution du mariage par le divorce ou le décès

Le mari et la femme s'engagent à régler leurs conflits à l'amiable. Au cas où l'un des deux souhaiterait mettre fin au mariage, il s'engage à le faire devant le juge et à ne pas faire usage de la répudiation.

Si le mari ou les deux conjoints résident dans un pays qui permet au mari de répudier sa femme, le mari reconnaît de ce fait à sa femme le droit de le répudier aux mêmes conditions que lui.

En cas de divorce, l'attribution des enfants se fera selon la loi suisse et sur décision du juge suisse. Si les enfants sont attribués à la mère, le père s'engage à respecter cette décision et à ne pas les lui retirer, quel que soit leur lieu de résidence. En cas de décès d'un conjoint, les enfants seront attribués au conjoint survivant.

Le partage des biens et les obligations alimentaires entre les époux seront réglés selon le droit suisse, même si le mari ou les deux époux résident dans un pays musulman.

Sauf accord contraire, les biens acquis pendant le mariage par l'un ou l'autre conjoint sont considérés comme propriété commune des deux et seront partagés à égalité.

8. Successions

Le mari et la femme soumettent leurs successions au droit suisse. Ils rejettent toute restriction au droit d'hériter basée sur la religion ou le sexe. Au cas où la succession est ouverte à l'étranger, partiellement ou totalement, et que le juge étranger refuse d'appliquer le droit suisse, chaque conjoint reconnaît d'avance au conjoint survivant le droit au tiers de son héritage net après liquidation du régime matrimonial.

9. Décès et funérailles

Mentionner ici l'accord auquel sont arrivés les deux conjoints concernant les funérailles: enterrement dans un cimetière laïc, enterrement dans un cimetière religieux, transfert du corps dans le pays d'origine, incinération, etc.

10. Modification du présent contrat

Le mari et la femme s'engagent à respecter les clauses de ce contrat de bonne foi. Le présent contrat ne peut être modifié qu'avec le consentement libre des deux conjoints, devant un notaire.

Nom du mari

Sa signature   lieu et date ....

Nom de sa femme

Sa signature   lieu et date ....

Nom du 1er témoin et son adresse

Sa signature   lieu et date ....

Nom du 2e témoin et son adresse

Sa signature   lieu et date ....

Nom du notaire et son adresse

Sa signature   lieu et date ....

P.S.: Au cas où les époux décident de procéder à une cérémonie religieuse musulmane en Suisse après le mariage civil ou de conclure un mariage religieux ou consulaire à l'étranger, il est indispensable de mentionner expressément dans le document établi à la suite de la cérémonie ou du mariage:

- que le contrat de mariage signé devant notaire par les deux conjoints en fait partie intégrante et
- qu'en cas de contradiction entre les deux, ce contrat doit l'emporter sur le document établi par l'autorité religieuse ou consulaire.

2. Projet de loi fédérale du 24 mai 1880 concernant la sépulture en exécution de l'article 53 de la Constitution fédérale de 1874

Ce projet[1] se trouve aux archives fédérales en allemand seulement, sous forme manuscrite en écriture gothique. Nous en donnons ici la traduction intégrale et produisons dans la note la version originale allemande[2].

---

[1]   La traduction et la version allemande ci-après sont prises de notre ouvrage: Sami A. Aldeeb Abu-Sahlieh: Cimetière musulman en Occident, normes juives, chrétiennes et musulmanes, préface de Michel Rossetti, L'Harmattan, Paris, 2002, p. 76-77.

[2]   Entwurf eines Bundesgesetzes betreffend des Begräbniswesens in Ausführung des Art. 53 der Bundesverfassung.
Art. 1 - Die Besorgung und Beaufsichtigung des Begräbniswesens ist ausschliesslich Sache der politischen Gemeinden.
Art. 2 - Die Beerdigung aller in einer Gemeinde verstorbenen oder auf dem Gebiet aufgefundenen Leichen findet auf öffentlichen Begräbnisstätten der Gemeinde, beziehungsweise der Gemeindeabteilung der Reihe nach statt. Ausnahmen können nur zu Gunsten von Begräbnisstätten von Familien und Stiftungen bewilligt werden.
Art. 3 - Wo das Grabgeläute ortgebräuchlich ist, hat die Gemeindebehörde dasselbe anzuordnen und ist zu diesem Zwecke befugt, über die vorhandenen Kirchenglocken zu verfügen.
Art. 4 - Den Konfessionen bleibt vorbehalten, nach ihren Gebräuchen die religiösen Feierlichkeiten auf den Begräbnisstätten innerhalb der Schranken der öffentlichen Ordnung vorzunehmen.
Art. 5 - Wo zur Zeit konfessionelle Begräbnisstätten bestehen, kann die konfessionelle Ausscheidung noch während 10 Jahren vom Inkrafttreten dieses Gesetzes an aufrecht erhalten werden; in allen übrigen Begräbnissen sind die konfessionellen Begräbnisstätten ebenfalls den Grundzügen, welche die vorausgehenden Artikel enthalten, sowie den Anordnungen der Orts- und Gemeindebehörden unterworfen.
Art. 6 - Bei Anlagen von neuen Begräbnisstätten soll die konfessionelle Trennung dahinfallen.
Art. 7 - Den Kantonen bleiben die weiteren Verfügungen über das Begräbniswesen, insbesondere die Regulierung der Eigenthumsverhältnisse, der Bau- und Unterhaltungspflichten von den Begräbnisstätten u.s.w. vorbehalten.
Art. 8 - Die Kantone haben die hinfälligen Gesetze und Verordnungen dem Bundesrathe zur Kenntnisnahme vorzulegen.
Art. 9 - Die Bestimmungen kantonaler Gesetze und Verordnungen, welche dem gegenwärtigen Gesetze widersprechen, sind aufzuheben.
Art. 10 - Der Bundesrath wird beauftragt, auf Grundlage der Bestimmungen des Bundesgesetzes vom 17. Juni 1874 betreffend die Volksabstimmung über Bundesgesetze und Bundesbeschlüsse, die Bekanntmachung dieses Gesetzes zu veranstalten und den Beginn der Wirksamkeit desselben festzusetzen.

Article 1 - L'organisation et la surveillance de la sépulture sont exclusivement de la compétence des communes politiques.

Article 2 - L'enterrement de tous les corps décédés ou trouvés dans le territoire communal aura lieu à la file dans les cimetières publics de la commune ou du quartier communal. Des exceptions ne peuvent être autorisées qu'à l'égard des lieux de sépulture familiaux et des fondations.

Article 3 - Dans les communes connaissant l'usage de sonner les cloches aux ensevelissements, l'autorité communale le prescrira pour tous d'une manière égale et elle est donc autorisée de disposer des cloches des églises à cette fin.

Article 4 - Les confessions ont la faculté de procéder aux célébrations religieuses selon leurs coutumes dans les cimetières dans les limites de l'ordre public.

Article 5 - Là où des lieux de sépulture confessionnels existent actuellement, la séparation confessionnelle peut être maintenue pendant encore dix ans à partir de l'entrée en vigueur de la présente loi; dans tous les autres enterrements, les lieux de sépulture confessionnels sont soumis aux principes contenus dans les articles précédents, ainsi qu'aux prescriptions des autorités locales et communales.

Article 6 - Lors de la création de nouveaux cimetières la séparation confessionnelle disparaîtra.

Article 7 - Les dispositions ultérieures concernant la sépulture, en particulier la réglementation de la propriété, ainsi que des obligations de construction et d'entretien des lieux de sépulture, sont réservées aux cantons.

Article 8 - Les cantons soumettront au Conseil fédéral les lois et les ordonnances devenues caduques pour qu'il puisse en prendre connaissance.

Article 9 - Les dispositions des lois et des ordonnances cantonales qui contreviennent à la présente loi sont à abroger.

Article 10 - Le Conseil fédéral est chargé conformément aux dispositions de la loi fédérale du 17 juin 1874 concernant les votations populaires sur les lois et les arrêtés fédéraux, de publier la présente loi et de fixer la date de son entrée en vigueur.

Table des matières

www.ingramcontent.com/pod-product-compliance
Lightning Source LLC
Chambersburg PA
CBHW081129170526
45165CB00008B/2605